『老城市 新活力』丛书

广州日报读懂广州工作室 著

带你读懂广州

城脉

广州出版社
GUANGZHOU PRESS
广州新华出版发行集团

图书在版编目（CIP）数据

带你读懂广州城脉 / 广州日报读懂广州工作室著 .
广州 : 广州出版社，2025. 6（2025.11 重印）. --（“老城市 新活力”丛书）. -- ISBN 978-7-5462-3817-3

Ⅰ . K926.51

中国国家版本馆 CIP 数据核字第 202544K96E 号

出 版 人 柳宗慧
书 名 带你读懂广州城脉
Dai Ni Dudong Guangzhou Chengmai
出版发行 广州出版社
（地址：广州市天河区天润路 87 号 9、10 楼
邮政编码：510635 网址：www.gzcbs.com.cn）
责任编辑 田宇星
责任校对 李少芳
装帧设计 胡广俊（Gwangjun.com）
印刷单位 深圳市新联美术印刷有限公司
（地址：深圳市龙岗区平湖街道鹅公岭社区凤凰大道凤门园工业园 1 号 A 楼 101、201、301 邮政编码：518111）
规 格 787 mm × 1092 mm 1/32
印 张 9
字 数 194 千字
版 次 2025 年 6 月第 1 版
印 次 2025 年 11 月第 2 次
书 号 ISBN 978-7-5462-3817-3
定 价 58.00 元

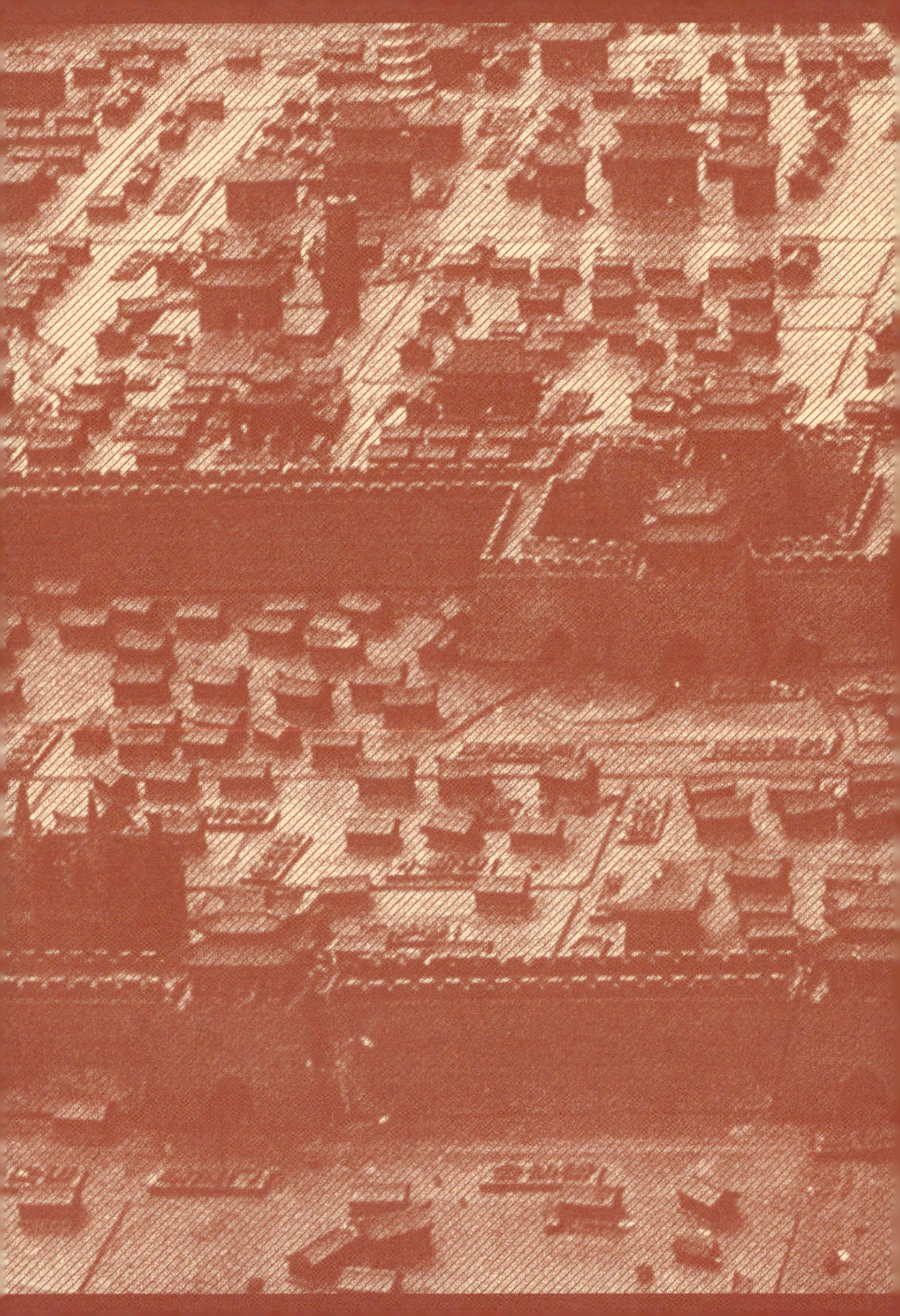

DUSTO
TO大東

蓮
香
樓

总序

广州，是一座什么样的城市？

习近平总书记曾指出，广州是中国民主革命的策源地和中国改革开放的排头兵。1000 多年前，广州就是海上丝绸之路的一个起点。100 多年前，就是在这里打开了近现代中国进步的大门。40 多年前，也是在这里首先蹚出来一条经济特区建设之路。

广州地处南海之滨，是首批国家历史文化名城，也是国际大都市中少见的拥有完整山水格局的城市。

"青山半入城"，"六脉皆通海"。山，犹如广州的城市"基座"。大自然的鬼斧神工，将 6 亿年前的汪洋雕琢成如今绵延千里的南岭山脉。南岭峰峦叠嶂，是长江流域与珠江流域的天然界碑，不仅为岭南大地带来丰富的自然资源和独特的生态环境，也造就了广州这座历史文化名城。南岭余脉延至广州城内，化作标志性的白云山、越秀山以及无数的岗丘。早在 2200 多年前，秦将任嚣便在番山、禺山之麓建"任嚣城"，拉开广州城与山共生的序章。

群山之间，清泉潺潺，汇聚成溪，融入发达而繁复的珠江水系，一路奔腾入海，并在山水相连、江海交汇处，孕育出广州城。这里河涌密布，水网纵横，湖泊星罗棋布。水，不仅滋养了广州人的生命，还培育了广州人的思维方式，广州人的日常生活、言语表达，都不离"水"。时至今日，广州依然保留了濠、涌、滘、沥等众多的"水"地名，以及醒水、心水等丰富的"水"方言。

山水交织，滋养了广州独特的城市演进脉络，造就了一座长盛不衰的商贸之都，也孕育了厚重的岭南文化。

得天独厚的山水格局塑造了广州与其他大都市不一样的城市肌理。走在热闹的北京路上，高大的榕树挂满了红色灯笼，脚下是从唐代直到民国时期的11层路面一一叠压。从任嚣建番禺城，到宋扩建三城开凿六脉渠，从明代扩展北城墙至越秀山，到民国拆城墙、开马路，再到如今珠江新城等CBD崛起，2200多年，广州城沿着云山珠水的地理格局，从0.05平方公里扩展至7434.40平方公里，谱写出波澜壮阔的城脉史诗。

广州因山水而生，又因商而兴，“千年商都”是广州的响亮名片。2200多年来，广州凭借山、水、江、海交汇的独特优势，始终是中国连通世界的一扇大门。秦汉时期，异域的奇珍异宝，从海路来到广州，经珠江水系辗转中原。唐宋时期，广州通海夷道可以抵达波斯湾、东非等地。官府在今光塔路一带设置蕃坊，供远道而来的外国商人居住。“临江喧万井，立地涌千艘”，明代广州往来商船络绎不绝。在清代，欧美商人奔赴广州贸易，成就了以广州十三行为核心的“天子南库”的繁盛。1957年创办的广交会，货通四海，成为中国对外贸易的“晴雨表”“风向标”。千年商脉，生生不息。

山水之城，江海之交，千百年来，南北文化在此融合共荣、中外文明在此交流互鉴，孕育出多姿多彩、勇于革新的广府文化。秦汉时期，中原礼乐文化与本土文化在此共舞；唐宋时期，“外国衣装盛，中原气象非”，异域风情沿海上丝路而来；明清以降，广州成为中西文化碰撞交融的前沿阵地，催生了广府文化璀璨成果。自东汉“岭海儒宗”陈元首开岭南人办学之风，一代又一代名师硕儒在此开坛讲学、薪火相传，尤其是书院兴起后，更是学派纷呈，名人辈出。以“三雕一彩一绣”为代表的广州工艺美术技艺声名远扬，在对外经贸与文化交流中发挥了重要的作用，彰显着“千年商都”的风范和深厚的历史底蕴。在传承发扬、创新求变中诞生的岭南三大艺术瑰宝——粤剧、广东音乐、岭南画派，更是融通中西文化，至今仍保持着充沛的活力。

城依山而建，商因水而兴，文因城、商而盛。山、水、城、商、文相互交织绵延，共同塑造出广州兼收并蓄、开放包容、敢为人先、锐意进取的城市性格。这种性格，已然化作城市发展的基石与底色，让这座千年古城始终焕发生机与活力。

五岭巍峨，珠江潮涌，南海滔滔，烟火繁华。“老城市新活力”丛书之“带你读懂广州”书系五个分册，分别从山、水、城、商、文五个维度，用新闻的笔法、历史文化的视角、生活化的表达，引领读者读懂古今广州，感悟岭南文化。

赓续传承、奔赴山海，这套丛书既是对广州山水自然和历史人文的深情致敬与礼赞，更是续写城脉、商脉、文脉传奇的诚挚邀约与热切期待。诚邀每一位读者，跟随这套丛书，走进广州、读懂广州，与这座城市共同续写新的传奇。

“带你读懂广州”书系编委会

二〇二五年五月

探寻广州城的千年风华

岁月悠悠，沧海桑田，在波澜壮阔的历史长河中，总有一些城市如同璀璨的明珠，历经风雨洗礼，依然熠熠生辉。广州，这座位于山海之间、云水深处的城市，便是其中之一。

广州，建城于公元前214年，距今已有2200多年的历史。它不仅是历代郡、州、府、道、路、省之治所，更是南越、南汉、南明三朝之古都。从最初0.05平方公里到如今7434.40平方公里，从山水环绕的古朴城池，到近代先锋之城，再到蜚声海内外的国际大都市，广州书写了一部波澜壮阔的史诗。云山珠水间并行的三条城市中轴线、自宋代绵延至今更迭交替的羊城八景，生动记录了这座城市的沧海桑田和成长轨迹。

自秦朝数十万秦军跋山涉水，扎根南粤大地之后，中原人与南越人血脉相融，成为广府人的祖先，从此开启了广州这座移民城市2200多年的城建史。作为一座移民城市，镶嵌在都市中的祠堂恰似一个个血脉坐标，镌刻着广州人的根脉记忆，每一座祠堂都诉说着家族迁徙的故事，见证着多元文化的汇聚。

有古汉语“活化石”之称的粤语，既古老雅致，又生猛新潮，不仅记录了岭南社会发展、演变的历史以及广府人的思维方式和行为方式，还是今天粤港澳大湾区以及海内外广府人共同的情感纽带，跨越山海，维系着游子与故土的羁绊。

这座城既现代又传统。西关大屋蕴含广府韵味，东山洋楼荟萃中西文化，骑楼街风格各异，犹如一面面不同的镜子，折射出广州城市兼容并包的发展状态，也见证了广州人的奋斗历程。

这座城既淡定又生猛。广州人懂得善待自己、享受生活。此地种花、赏花、爱花的历史源远流长。从花地、花市到花城，广州因花闻名，因花而别有韵味。千年花城风光如画，每月都有花海美景。广州的深厚底蕴和蓬勃生机、独特的城市魅力和烟火气，吸引着无数的外来者，这座“中国最具幸福感城市”，让每一个来到这里的人都能找到归属感。广州的奇妙之处恰恰在于，“这座城，让所有人变成广州人”。

翻开本书，仿若推开一扇通往广州千年岁月的厚重之门，它将带你读懂与广州城、广州人息息相关的故事：广州城名流转、城市格局磅礴蜕变，三条中轴线勾勒城市肌理，羊城八景晕染岁月底色；祠堂铭刻先民足迹，粤语承载广府文化基因，西关大屋、东山洋楼、骑楼街交织出兼容并包的城市风骨；“花城”繁花四季盛放更是将广州人对生活的热爱展露无遗……让我们跟随本书，探寻广州城的千年风华！

目录

第三章 不辞长作广州人 053

第四章 古祠流芳九百载 077

第五章 西关风情韵流长 105

第六章 东山洋楼荟中西 133

第七章 百年骑楼宜商宜居 155

第八章 古有花地今有花城 181

第一章 云山珠水广州城

文—倪明 杜娟 刘幸

云山珠水广州城，循图溯源两千载。

广州建城于公元前214年。这座城，历经2200余年风雨，为历代郡、州、府、道、路、省之治所，也是南越、南汉、南明三朝之古都。

将古时0.05平方公里的任嚣城，置于今天7434.4平方公里的广州来看，狭小得不值一提，但广州成为千年商都和贸易大港的征程，正是从这里拉开序幕。

古代广州　山水城市

第一章·第一节

秦汉·开启广州建城史

北京路步行街人流如鲫，充满岭南风情的骑楼商铺林立。就在人们脚下，千年古道层层叠压了11层路面，由下而上分属唐代、南汉、宋代、明代、民国5个历史时期。当行至与之毗邻的中山四路南越国宫署遗址时，脚下更是埋藏着自秦到近代共12个历史时期的27层文化堆积，包括曲流石渠、宫阙园苑、重轩三阶、玉楼金阁等遗迹。2200多年的时光如白驹过隙，塑造了这座独树一帜的历史名城。

“是历史选择了广州，在广州建城得天独厚。广州地处三江（北江、西江、东江）交汇地带，为秦代岭南交通枢纽、军事要塞；与此同时，秦朝在广西开凿灵渠，连接了长江、珠江两大水系。灵渠北上可延伸至北方各地，南下可从西江直抵广州城，使广州成为当时岭南的中心。”广州市城市规划勘测设计研究院历史文化名城研究所所长孙永生虽然不是广州本地人，但缘于在广州求学、工作多年，说起广州城的历史变迁如数家珍：“古人选址建城充满智慧。赵佗城所在之处，是被越秀山、番山和禺山拱卫着的台地。台地基岩乃坚硬的沉积岩，可保护古城少受地震破坏；‘北山南水’的城市格局让诸山犹如一道‘屏风’，可有效减少风灾。水道既是天然的护城河，又提供了充足的淡水资源。为了防止海潮倒灌，南越国在江岸边修建了木构水闸（遗址在今越秀区光明广场负一层），是目前世界上已被发现的保存最完好、年代最早、规模最大的古水闸遗址。”

公元前214年，秦朝在岭南设南海郡。南海郡尉任嚣在番禺筑城，史称“任嚣城”，位置在今仓边路、越华路、中山四路、北京路一带，面积约0.05平方公里，开启了广州2200多年的建城史。任嚣在临终前向赵佗道出了在此选址建城的原因：“番禺负山险，阻南海，东西数千里，颇有中国人（中原人）相辅，此亦一州之主也，可以立国。”（《史记·南越列传》）番禺有高山峻岭可作屏障，有大海可作阻隔，地理位置非常特殊。

秦末，赵佗建立南越国，以任嚣城为核心扩城，兴建南越国宫署，再一次提升了广州的政治地位和军事地位。据历史地理学家和考古学家研究，赵佗城范围大致是今中山四路与中山五路之间，东起旧仓巷，西迄今吉祥路之东，南临中山四路、中山五路，北至越华路南侧，虽然规模仅为汉长安城的1%，但南越国控制的土地达到秦朝国土面积的1/10以上。此后两千多年间，中山四路一带一直是广州的行政中心，历代官衙都建于此。

据历史地理学家曾昭璇考证，当时番禺城（广州古称番禺）所在地为台地，山岗向南倾斜，其间有小河、干谷切过。为什么叫“番禺”呢？有的学者认为城里有番山和禺山（番山和禺山大概在今北京路东西两侧，现已不存）；有的认为原意应为“岭外蕃（番）邦蛮夷之地”；有的认为“番”即古越语的“村”，“禺”即古越语的“盐”，“番禺”即“盐村”的意思，为南越人聚居地的名字。西汉元鼎六年（前111年），汉武帝灭南越国，把岭南的首府设在苍梧郡（今广西梧州一带）的治所广信城。

直到东汉建安十五年（210年），交州刺史步骘来到番禺，“观尉佗旧治处，负山带海，博敞渺目，高则桑土，下则沃野”，深觉此处“宜为都邑”。建安二十二年（217年），步骘将交州治所从苍梧郡迁到番禺，恢复了广州的岭南政治中心地位。步骘还重新修建广州城，并向北扩大，后人称之为“步骘城”。

唐·旧城改造

广州自建城以来，一直围绕着江河水系寻求城水共生共存之道，也不断突破城市发展边界。广州城墙和道路不像北京城那样方方正正，也不像巴黎那样沿中轴线呈点状分布，而是顺珠江岸线、水系变迁和地势而为。

自秦朝开始，广州就是中国的海上门户。到唐代，广州港已发展成可容近千艘大小海船的港口，官方于广州首设市舶使（中国最早掌管海外贸易的官职），并开辟了长达1.4万公里、通向波斯湾的航线（史称“广州通海夷道”），这是当时世界上最长的航线。此时广州城区未有扩展，但城外发展非常迅速，尤其是西城外，由于“海上丝绸之路”的兴旺，12万外商涌至广州。唐代宰相陆扆曾惊叹：“番禺巨镇，雄藩夷之宝货，冠吴越之繁华。”（《授陈佩广州节度使制》）官府专门在城西建立了蕃坊（今光塔街一带）作为外国人聚集区。今天，我们重读刘禹锡“连天浪静长鲸息，映日帆多宝舶来”的诗句，仍能感受到当年广州的繁荣。

唐代，广州开始了大规模的旧城改造。《新唐书》记载，开元初，广州都督宋璟到了广州后，开始在民间普及烧陶瓦、砌土墙技能，开展了轰轰烈烈的民居“升级改造”工程。《新唐书》对这项大规模民居改良工程的效果，用“越俗始知栋宇利而无患灾”来总结。

后梁贞明三年（917年），刘龑称帝，定都番禺（今广州），史称南汉。虽然南汉国只存在短短的50多年，但在广州城建史上写下了重要一页。南汉效仿长安城大兴土木营建兴王府，强化城市中轴线形象，城市布局合理，区域分工非常明确。南汉夷平番山、禺山，并使城市向南扩展至珠江沿岸。在今西湖路以南，大南路、文明路以北，东西以东西城墙为界，形成了一片狭长的新地，名为新南城。城西、河南（珠江以南地区）都有发展。

宋·扩建三城

宋代，随着广州经济的发展、人口的增加，原来的古城“仅容府署仓库而已”，亟待扩建。宋神宗时期，随着经济的发展，广州已经具备扩建新城的物质条件。宋代是广州城垣发展的高峰期，广州城扩建和修筑达20多次，最重要的工程是加建西城，形成子城、东城和西城并立的格局，史称“宋三城”。东城东到今大东门，西抵今教育路、西湖路一带，南至大南路，北至越华路；子城在今吉祥路、中山路、小北路、越华路一带；西城在今人民路、大德路及子城以西范围内。珠江沿岸形成沿江商业区。此格局一直延续到明清。

此外，宋代广州官方对城市进行规划改造，纵横的街巷将城市分割得条块分明，奠定了今日广州老城区的格局：街道布局呈“丁”字形，面积最大的西城为商业区，呈“井”字形，聚集了大量外商。宋代地方官还修通了城市供水、排水系统——“六脉渠”，直到民国时期仍起着重要作用。延入城中的南濠、清水濠和内濠兼有通航、排涝、防火功能。东郊开辟鹿步滘，是海外商船的避风港。

明清·云山珠水格局初成形

明洪武十三年（1380年），永嘉侯朱亮祖对广州城进行扩建，把北城墙扩展到越秀山上。朱亮祖还在越秀山上修筑了一座五层高楼，这就是著名的镇海楼。广州城发展成“云山珠水”格局，城郭犹如一口悬挂的大钟。

这一时期，广州沿着珠江向西拓展城市功能。此外，河南（珠江南岸）沿江一带在明代也逐步得到开发，主要为游览区和住宅区。

清代，广州城在总体布局上沿袭了明代城市布局形态。据旧志记载，清顺治四年（1647年）建东西二翼城，各长20余丈（一丈约3.33米），各有一门，向南直通江边，被称为“鸡翼城”“雁翅城”。

根据古地图推断，清代城墙大致东至今越秀路，西至今人民路，南至今一德路、泰康路、万福路，北至越秀山，城区面积约5.11平方公里。清代，大清门外是天字码头，入大清门沿双门底往北一带分布着书院、学宫和布政司、广州府、巡抚部院等官府衙门。

此时的珠江沿岸一带，从天字码头至东濠口（即东堤一带）十分繁华。东濠口靠近码头，形成了专为过往商贾服务的城外商业区，后因多次火灾，码头西移至沙面的潮音街一带，东堤一带日渐衰落，西堤成为城外繁荣的商业中心，六脉渠逐渐失去了交通运输功能。至清代末年，六脉渠水系逐渐被填塞或被改为地下暗渠，今天已难觅踪迹。

清中叶以后，广州成为“一口通商”的口岸城市，城市发展突破了原有城墙的限制，沿着珠江两岸和西关平原发展。十三行在城墙外的城西兴起，当时的珠江上百舸争流，江畔西式建筑林立，往来商人络绎不绝，也带动了西关、河南的发展。

清朝晚期，沿珠江一线密密麻麻布满了建筑。1859年，英法两国联合租用沙面，广州沿珠江向西发展的城市空间结构基本形成。

近代广州　先锋城市

辛亥革命后，广州开始向东扩展。

1921年，广州市政厅成立，广州成为中国首个建制市，市政建设随之开启。广州东部岗台、丛林、田野和散落的村庄吸引了当时城市规划师的眼球，城市空间向东扩展的战略一锤定音。

1911年建成的广九铁路（广州大沙头至香港九龙尖沙咀）是撬动东山开发的支点。自此，东山成为海外华侨、军政官僚和买办富商择地建宅的首选地。民国时期，广州城市东部区域出现了东山别墅群、五山高校群、黄埔港群，功能上互为依托，为城市向东发展构建了良好框架。

为何当时广州城市发展是向东而不是向南、向北？盖因广州北部多山，向北发展受到地域限制。当初广州曾规划往南发展，跨江发展可谓是当时广州的一个梦想。20世纪初，今日的工业大道沿线仍是沼泽和农田，但依托便利的水运条件，海珠岛的南石头地区开始出现了工业企业。而城市跨江发展首先要解决的就是跨江桥梁的建设问题。1933年，广州首座跨江大桥——海珠桥建成通车，为城市向南拓展延伸打通了珠江“天堑”。随着海珠桥的开通，政府明确了将工业区放置在河南地区的政策。陈济棠主政广东期间，先后规划建设了三个工业区，即西村第一省营工业区、河南第二省营工业区和南石头第三工业区，后二者均在河南地区。

实际上，民国时期，广州计划在珠江上建设三座跨江大桥，除了海珠桥外，还有西堤铁桥和西南大桥，可惜后两座桥梁的建设计划没有实现。此后，抗战全国爆发，海珠桥被炸，城市南拓步伐不得不遗憾中止。孙中山先生在《建国方略》中提出的往西与佛山一体化发展的战略规划同样中止。

有专家认为，广州选择向东发展的一个重要原因还与孙中山先生在《建国方略》中提出的建设南方大港的设想有关。1932—1938年间，广州官方在鱼珠码头东侧建设了万吨级的深水码头和仓库，史称“黄埔新埠”，城区与港口呈“哑铃状”的空间格局逐步形成。此后，广州不断修建港与城之间的东西向道路，其中，农林下路到黄埔的中山公路（后更名为中山大道）的建设，带动了东部地区的发展。

^ 长堤风景（莫伟浓摄）

第一章·第三节

从历史上看，广州城市的发展方向经历了一个先向西拓展然后再折返东进的过程。民国之前，广州城区之所以没有向东发展，原因在于东山岗阜连片，搞建设非当时技术能力所能及。

新中国成立后，广州城市拓展仍然是“一路向东”。二十世纪五六十年代，重点在于完善东山区（2005年并入越秀区）的城市功能，建设大沙头对外交通枢纽、增加大型公共服务设施等。建设新村和邮电新村的建设是东部建设又一个新起点，引导市民迁入东部地区；后来又为归国华侨建设了华侨新村，引进了友谊商店为外宾和华侨、港澳台同胞及其亲友服务，为广州东部注入了国际色彩。

改革开放后，广州城市建设进入快速发展阶段。在几代广州人的奋斗下，现代化建筑如雨后春笋般拔地而起，广州成为一座宜居宜业的美丽城市。

1984 年，广东为举办第六届全国运动会兴建天河体育中心，拉开了天河商圈建设的序幕。此后，随着六运小区、广州东站和珠江新城的相继建设，城市核心再次东移。最能让人们直观感受到广州东进节奏的是城市制高点的不断东移。从爱群大厦到广州宾馆、白云宾馆，再到广东国际大厦和中信大厦，一直到现在珠江新城的东塔、西塔，广州的地标建筑“一路向东”。

此外，跨江发展也是广州一直以来城市拓展的主要方向。1950年海珠桥重建通车后，广州继续在珠江南岸发展工业，既解决了城市均衡发展问题，也稳定了城市空间结构。

时光荏苒，广州市行政区划经历了数次调整，目前市辖11区，全域总面积7434.4平方公里。

2200多年沧海桑田，循图展望广州的未来，古老的广州正面朝大海，春暖花开！

^ 繁华的珠江两岸（苏俊杰摄）

∧ 珠江新城璀璨夜景（苏俊杰摄）

广州的曾用名

第一章·第四节

在2200多年的历史长河里，广州留下楚庭、南武、羊城（五羊城）、穗城、番禺、任嚣城、赵佗城、越城（越王城）、兴王府、番州、省城等诸多名称。

楚庭是传说中广州最早的名称

今日，如果你沿着越秀山南麓拾级而上，还能见到“古之楚庭”牌坊。它始建于清顺治元年（1644年），重建于同治六年（1867年），为两柱一间一楼的花岗石牌坊，坊额一面刻“越秀奇峰”，一面刻“古之楚庭”，均为隶书，字迹拙朴大气。

关于“楚庭”之得名，有不同的说法：一说周夷王八年（前878年），南海臣服于楚国，因而建造楚庭；一说公元前600多年的春秋时期，楚成王熊恽平南方夷越之乱，在南海建楚庭。有研究者认为，楚庭（又作楚亭）最早或是宫室，或是市集的意思，后来才慢慢被用作广州的代称。清代，人们将楚庭看作广州最早的名字，并建牌坊纪念。

“南武”也是记载中广州早期的名称。“南武”之得名也有多个说法，一说认为此名本为越国旧有地名，楚国灭越后，由公师隅在今天的广州所在地建城，并沿用了故国的名称；一说认为赵佗号为南越武帝，故将南海郡改称南武郡。不过，关于楚庭、南武的说法，目前仅有文献记载，相关物证还有待考古专家发现与求证。

“羊城”“穗城”之名最广为人知

广州众多别名中，“羊城”和“穗城”最广为人知。这两个别名源于五仙乘羊赠穗的美丽神话。相传周朝时，五位仙人骑五羊送来稻穗。五羊衔谷的传说最早见于晋人所著的《广州记》，书中称“五羊衔谷萃于楚庭”。在后来的古籍中，故事情节发展为五位仙人手里拿着一茎六出的谷穗，骑羊而来，并祝福此方土地永无饥荒。

唐代以来，“五羊”和“羊城”逐渐成为广州城的代称，诗人常用“羊城”代指广州，如高适写有“海对羊城阔，山连象郡高”之句，殷尧藩有“遐荒迢递五羊城，归兴浓消客里情”之句。

祥瑞神话给广州留下了不少遗迹，其中惠福西路的五仙观就是因此而建，大门口牌楼上写着“五羊仙迹”四个大字，里面供奉着五位仙人和五只仙羊，东侧花园还有一块巨大的红砂石脚印状的凹穴，被呼作“仙人拇迹”，相传是仙人的足迹。

1960年，著名雕塑家尹积昌、孔繁伟、陈本宗根据五羊神话雕成五羊石像，安置于越秀公园。在越秀公园与五羊石雕合影，成了无数街坊的美好回忆，也因此留下了一代代广州人共同的城市记忆。

三国时始有“广州”之名

“广州”作为一个行政区域概念，距今已有近1800年历史。

“广州”这一地名出现在三国年间。魏文帝黄初七年（吴黄武五年，即226年），孙权考虑到岭南地区过于辽阔，不易管辖，又因交州刺史士燮势力太大，遂决定把交州一拆为二，合浦以西为交州，合浦以东为广州，史称“交广分治”，“广州”作为一个地名从此出现。广州辖区范围相当于今广东、广西之大部。

百年前广州在全国第一个设市

值得注意的是，直到清代，无论是作为南海郡、岭南道，还是广南东路、广州路、广州府的地方行政机构所在地，广州均不是一个独立的行政区域，没有建立独立的行政管理机构。

一开始，广州城所在之地由番禺县独辖。从隋唐开始，番禺和南海两县分别设立，广州城变为番禺与南海“共享”，番禺县治在广州城内，南海县治也在广州城内，广州城自此有了“一城两县”格局。至清末，广州城区大约以今解放路为界，西属南海县管辖，东为番禺县管辖。从“建制”的意义上说，彼时的广州还不是一座完全意义上的“城市”，可谓千年“建城不建制”。

民国初期，广州将“市制”付诸实施。从1912年开始，负责广州警务的“全省警务公所”改称“广州市警察厅”，率先为广州起名“广州市”。1918年10月，广州市政公所成立，开始进行现代的市政设施建设。1921年2月15日，《广州市暂行条例》正式实施，广州市政厅挂牌成立，广州开始成为“建制市”，孙科担任第一任市长，划定市区范围单独由市政厅治理，结束了上千年“两县分治”的局面。广州成为全国第一个真正意义上的“建制市”，成为“中华第一市”，为“市”这一行政区划的发展作出了开创性贡献。

从此，广州市一路发展壮大，成为今天人们熟悉的广州。

^ “古之楚庭”牌坊（陈忧子、邱伟荣摄）

^ 五羊石像（杨耀烨摄）

第二章 三轴并行城巨变

文—倪明

一路贯通古与今，三轴并行城巨变。

中轴线是城市繁华和文化地标中心。中轴线之于城市，如同脊梁之于身体。广州城市中轴线的变迁反映了城市的变迁，代表了市中心从西向东的发展方向。

2200 多年来，广州在云山珠水间形成了三条南北向城市轴线，分别为古代中轴线、近代中轴线和新中轴线。从 1.6 公里到十多公里，从两千年到数十年，广州中轴线越来越长，建设周期却越来越短。三条中轴线并行于千年古城，折射出广州的巨大变迁，是广州底蕴深厚又朝气蓬勃的最佳印证。

古代中轴线

山水形胜·重商尚文

第二章·第一节

“不到北京路，不识广州城。”2002年，在对北京路步行街进行改造的过程中，考古学家意外在路面下挖掘出唐代、南汉、宋代、明代、民国5个历史时期11层古街道路面遗迹和宋代“双阙”楼遗址。由此，这条千年古道的历史渐渐为更多人所了解。

这条“千年城脉”可追溯至秦汉时期。秦始皇三十三年（前214年），南海郡尉任嚣在今北京路北段财厅前一带筑番禺城，作为南海郡的郡治所在，史称“任嚣城”。公元前204年，秦朝大将赵佗建立南越国，把“任嚣城”扩大到“周长十里”，俗称“赵佗城”。此后历朝历代众多官衙机构都设在这一带。白云山山脉延伸出广州的主山越秀山，其余脉在城中形成番山和禺山，番山、禺山之间的一条南北通道一直延伸至南越王宫。这条“天然中轴线”就是广州城古代中轴线的雏形。

唐代至南汉，以北京路为中轴线的城市格局逐渐形成。唐朝时期，中原制砖技艺逐渐在广州传播开来。目前的考古资料显示，北京路始建于唐朝。千年古道遗址的唐代路面分为三层，上面两层铺砖，下面一层铺碎石子。唐朝砖铺路面的发现，证明了北京路在唐代是广州城的主干道。唐朝时期，广州诞生了古代中国第一批海关官员——市舶使。朝廷在中轴线的南端、珠江岸边建起高大雄伟的广阳馆，作为市舶使的驻地。

北京路中段被称作“双门底”

老一辈广州人会把北京路中段称作“双门底”。这一称谓可追溯至唐宋时期。唐末天祐三年（906 年），清海军节度使刘隐开始扩建广州南城。他命人凿低南门两侧的番山、禺山，在南门上建清海军节度使楼。南汉时期，清海军节度使楼改建，人称“双阙”。官方还拓宽楼南道路，发展商业。宋代，广州城南扩，将城墙扩建至珠江边，对“双阙”楼进行大规模改建，楼下为两个并列的大门。自此，北京路中段（现中山五路至西湖路一段）被称为“双门底”（20 世纪初因“拆城筑路”而消失）。

宋代文人刘克庄在《广州重建清海军楼双门记》里写下了“双门”落成时的盛况：“饶吹轰空，斗酒系道，观者数万，皆曰轮奂美哉。”“双门”一带从此更为热闹，“双门底”成了著名的商业街。

在今天北京路路石的标志处，我们能看到一组铜壶雕塑：四个铜壶呈阶梯形排列，各壶不停地依次往下滴水，这便是对古代计时工具“铜壶滴漏”的纪念。元、明、清三代，“双门”楼都是羊城的权威报时楼。元代制作的报时器“铜壶滴漏”一直放于楼上（今藏于中国历史博物馆，广州博物馆有复制件）。据记载，此物“百年不爽”。明代万历年间，意大利传教士利玛窦来到广州，想复制铜壶滴漏，结果没有成功，足见这件计时仪器的复杂精微。

明清时期，广州城郭基本定型。清代后期，广州城市中轴线的长度终于确定：北起惠爱街（今中山路）布政使司署、广州府署等官府建筑，向南经过承宣直街、拱北楼、雄镇街、正南门、大南直街，最终通向永清门。中轴线的最南端为天字码头、日近亭、正南仓和中南仓，天字码头是广州城的官用码头；日近亭是接待官员使用的亭子，又称“接官亭”，官员在这里登岸或搭船离去；正南仓和中南仓是广州府的粮仓。

尚文好雅官学重地

宋代，北京路一带开始建起众多学宫、书院，并集聚了一大批文人雅士，逐渐发展成广州的官学重地、文化中心和岭南历史最悠久的商业街区。

现在，从天字码头到北京路省财政厅一带，只有不到一公里的路程，十几分钟就走完了。不过，若回到二三百年前，站在双门底大街的城楼上一望，北边惠爱街知府、巡抚、总督官衙建筑东西一字排开，栋宇连云、气象森严，与北京路呈“丁”字形。那时这些官府的主人都是文人，其中更有阮元、赵翼这样的学界巨擘；往南，则是设在九曜坊的提学使司衙门，那是省内主管教育、科举考试的最高机构，相当于今天的教育厅；东面是广府学宫和番禺学宫，西面是南海学宫，全是读书人扎堆的地方。

清代，广州书院在数量上居全国之首。古城中轴线流水井、大马站、小马站一带书院云集。四乡八镇的学子在这里苦读六经三史、诗词文赋，晨兴夜寐，书声琅琅。

古城中轴线附近聚集了上百家书坊，“书坊街”的名称由此而来。清代的一次科举考试，就曾将“双门底卖书坊”入题，可知当时书肆之盛。至民国年间，北京路一带依然是闻名四方的“书店一条街”，聚集了包括开明书店、光明书局、商务印书馆等在内的数十家书局，可谓是“珠宝奇珍列万般，书坊画店任盘桓。怡情争说双门底，不让京都大栅栏”（清代广州竹枝词）！

官府衙门紧邻商业街市

广州古城中轴线上，官府衙门紧邻商业街市，这个现象在中国独一无二。我们无法确定北京路上的第一家店铺出现在何时，但可以肯定的是，在北京路还被叫作“双门底”的时候，就已经成了一个不折不扣的商业旺地：商铺鳞次栉比，酒肆茶楼、文房四宝店、洋服店以及古籍书店“济济一堂”。一大批创建于明清时期的“老字号”都选择“双门底”作为起点，开始其辉煌的商业历史。卖药的陈李济、卖酱油的致美斋、卖钟表的李占记……它们的诞生地都是今天的北京路，这些家喻户晓的名字，可以说是这里商贸繁荣的最早见证者。清顺治十年（1653年），官府改建“双门”楼，命名为“拱北”楼，但“双门”不变，双门底的商业街市自此更为热闹，其中尤以书坊、古董市、花市最为著名。老广州人至今还挂在口头的一句歇后语“双门底卖猫——装假”，说的是晚清时期，有人在双门底洋洋自得摆卖自己画的老虎，一个小孩站在档口前观望，指着画大声说：“哇，好大的一只猫啊！”引得路人大笑不止。

天然的台地和背山依水的自然环境，成为广州城市古代中轴线诞生的基础；北部为府衙区，南部为商贸市井区，体现了“北为贵”的思想；重商尚文的传统，影响着中轴线两侧的建筑布局。古城中轴线两侧大量的商业空间及双门底每年举行的为期数天的集会，体现了广州人重商务实的性格；同时，以中轴线为中心形成的多层次书院空间，构成了广东乃至整个岭南地区的教育中心，展现了广州人尚文好雅的追求。

回望广州城建史，始终顺珠江岸线、水系变迁和地势而为。古代广州北有越秀山，又有番山、禺山拱卫，番禺二山是一小片彼此相连的起伏丘陵，形成古城的天然屏障。“三山一水”的地理形态决定了古人选择北京路一带作为广州城的中轴线。从西汉南越国时期起，北京路成为2200多年来从未偏移、从未断代的古城中轴线。这一现象不仅造就了国内外城市建设中罕见的历史景观，同时也造就了这里灿烂的历史文化。这座城市的血脉里自始至终都流淌着开放、包容、自由和热情的血液，这种千年不变的风骨，使得北京路即使经历过战火离乱、变革纷争，依旧是全世界最繁华、最具历史感和现代性的街道之一。

^ 北京路“铜壶滴漏”雕塑（苏俊杰摄）

近代中轴线

求通不求直·中西文化共融

第二章·第二节

时间的车轮徐徐向前，作为中国民主革命策源地的广州逐渐从传统走向近代，并开始奠定现代城市基础，成为中国首个建立具有近代意义市制的城市，规划的力量在这一过程中发挥了重要作用。

广州城市“近代中轴线”这一概念的提出最早见于时任广州市工务局局长程天固编写的《广州市工务之实施计划》。程天固认为，珠江南岸地区与中央公园和当时规划中的市府合署大楼在珠江南北地区隔岸相对，若通过几十米宽的新式马路与横跨珠江的海珠桥将这些节点连接起来，则能出现“气象巍峨，交通繁盛”的场面。1919年，市政公所穿过清朝衙门空地修建了一条南北向道路，取名维新路（今广州起义路），寓维新变革之意，拉开了广州近代中轴线的建设序幕。

1937年出版的《广州市马路全图》图中的维新路是一条笔直的马路，但其在实际建设时拐了弯，究其原因，一是修建过程中，为保护千顷书院和梁千乘侯祠两处历史文物，维新路“绕道而行”；二是在修建海珠桥时为了选择江面最窄处建桥，道路往东偏移了。

荟萃近代建筑经典佳作

20世纪20年代，广州在近代中轴线上开建“广州市第一公园”。1921年，昔日官府园林被改造成广州第一座公园（面积4.46万平方米，1966年改名为“人民公园”），公园开幕礼上，时任广州市市长孙科发表演说，现场观礼的市民达20万人，好像过节一样。

1925年，孙中山先生逝世后，广州人民和海外华侨为纪念他，集资兴建了中山纪念堂。位于越秀山南麓的中山纪念堂与中山纪念碑同期建设，并由中国近代杰出的建筑师吕彦直设计。中山纪念堂于1929年动工，1931年建成。令人惊讶的是，偌大一座纪念堂，跨度达71米的大堂中间居然没有一根柱子。吕彦直创造性地将中国传统的多种单体建筑巧妙地组合成了一个独特而完美的整体，以创新的中国传统建筑形式，打造出一座用西方现代技术构筑起来的大型会堂建筑框架。

陈济棠主政广东时（1928—1936），将市立第一公园临近纪念堂的区域腾挪出来，建设了广州市政府合署，即现在的广州市人民政府办公大楼。当时，刚过而立之年的林克明已在建筑界小有名气，他成功地融合了中国古建筑文化和西方近代建筑的结构技术，在“市府合署”设计方案竞赛中脱颖而出。大楼于1934年落成，为钢筋混凝土结构，黄琉璃瓦、绿脊、红柱、黄墙、白花岗石基座，既雄伟庄严，又古雅和谐。中山纪念堂与市府合署大楼皆为“中国固有式”建筑形式，都是中国近代建筑史上的经典建筑作品。

1927年12月，广州起义爆发。工人赤卫队和起义士兵进攻设于维新路的旧广州公安局和旧保安大队部，后建立了广州苏维埃政府，这里由此成为中国第一个城市苏维埃政权诞生地。为纪念广州起义，维新路于1966年更名为起义路。

如今，从人民公园往南走就是起义路，起义路南端则是建成于1933年的海珠桥，这也是广州第一座跨江大桥。1953年，海珠广场建成，周边聚集了第三届广交会场馆、华侨大厦等优秀现代建筑，承载着浓郁的广州风情。

在这条近代中轴线上，海珠广场是一个亮丽的城市会客厅，越秀山与珠江水遥相呼应，承载着老一辈广州人的集体记忆。

^ 广州中山纪念堂（杨耀烨摄）

^ 海珠桥（苏俊杰摄）

新中轴线

轴线东移·新地标『七星拱月』

第二章·第三节

从千年城市轴心，到100年前的近代中轴线，时间悄然走到了20世纪末，随着城市的发展与人民生活水平的提高，城市更新迫在眉睫。

1987 年，广州城市空间结构演化迎来关键节点。借助第六届全国运动会的举行，广州在一片菜地上建设了第六届全国运动会主场馆——天河体育中心，进而带动了天河新城区的迅速发展。20 世纪 90 年代初，广州市政府决定在天河体育中心以南直到珠江的菜地良田上建设新城市中心。得益于改革开放，彼时的广州已经开启了广泛的国际交流。1993 年，美国设计师卡罗尔·托马斯的事务所中标，做出了最初的规划。方案中，托马斯规划了一条自天河体育中心到珠江之间的林荫大道，这就是如今新中轴线的雏形。

1997年，中信广场建成。它面向天河体育中心，背后是广州火车东站。为更贴合本土化建设，1999年，广州市政府又展开了一次新中轴线的城市设计竞赛，华南理工大学“都市绿核”方案入选。新方案强化了城市的中轴线，在保持中轴线南北向不变更的基础上，增加了更宽敞的空间和绿地，极大地提高了公共空间的可用性。托马斯当年的设计也被巧妙地融入了本土智慧中。

中轴线首跨珠江南拓

2010 年，广州塔在珠江南岸建成开放，令城市中轴线首次越过珠江，实现了历史性飞跃。仅仅用了 10 年，广州“大变”扛鼎之作——广州新中轴线北段建成。站在广州塔上放眼望去，花城广场犹如横卧的绿宝瓶，海心沙广场静卧江边，独具风格的广州大剧院、广东省博物馆、广州图书馆、广州市第二少年宫屹立江边，东西两塔拱卫而起……新中轴线上地标建筑“七星拱月”，集中反映了广州城市建设的成就，也成为广州新的名片。

每当夜幕降临，新中轴线夜景灯光次第亮起，形成一幅绵延至江边的梦幻画卷——高耸入云的广州塔、大气雍容的花城广场、如诗如画的海心沙……新中轴线上“七星拱月”的地标“会演”，是新广州最好的形象代言。

新中轴线展现了广州欣欣向荣的活力、广州人的豪迈气概以及广州走向国际化大都市的雄心和决心。在这条新中轴线上，从 1997 年总高度 391 米的中信广场建成，到高 600 米的广州塔、高 432 米的西塔，再到 2016 年高 530 米的东塔正式投入使用，新中轴线已成为华南地区总部经济和金融、科技、商务等高端产业高度集聚区，吸引了 200 多家世界 500 强企业项目入住，造就了 62 栋“亿元楼”。

2021 年 6 月 25 日，新中轴线迎来了海心桥的落成。海心桥由中国工程院院士何镜堂设计，是广州首座珠江两岸人行桥，也是世界上最大跨度的人行桥。通过海心桥，市民游客可以从新中轴线的这一头跨江步行到另一头。

新中轴线继续向南，走得更远、更加生态化。在空中沿新中轴线往南看，广州新中轴线南段起点广州塔广场，串联了广州塔、广州艺术博物院（广州美术馆）与广州科学馆，将成为广州文化艺术和先进科技传播的平台、连通世界的窗口、科技旅游文化地标。

再往南，海珠湖畔，岭南翰墨园、岭南曲艺园、百果飘香园、广府风情园以及广绣风雅园……一栋栋古色古香的传统建筑，与海珠湖湿地公园连成一片，可观落日倒映湖面，登楼远眺，更与广州塔遥相呼应。“十里红云一湾水，八桥画舫十六亭”，全国最大的文化馆——广州市文化馆新馆也在海珠湿地旁亮相，成为广州新中轴线上又一城市名片。

新中轴线上不仅有林立的 CBD（中央商务区）高楼，还有大型城市花园广场和广袤的湿地公园。可以说，它不仅是广州的发展轴，更是城市的景观轴、生态轴。它不仅见证着新中国成立以来广州的日新月异，更彰显着广州作为国家中心城市的底气，是广州文化精神的空间载体，也展现着城市建设者不断逐梦奋进的决心、智慧与发展谋略。

绘就活力创新轴

2024年，经国务院批复的《广州市国土空间总体规划（2021—2035年）》新赋予了广州“国际科技创新中心重要承载地”的核心功能定位，明确将优化形成“一带一轴、三核四极”的多中心、组团式、网络化城镇空间结构。其中“一轴”即活力创新轴。

为了落实总体规划赋予广州的全新功能定位，广州同步编制完成了《广州活力创新轴总体规划》（以下简称《规划》），在广州自古至今已形成的传统中轴线、新城市中轴线的基础上，面向科技时代、湾区时代新谋划了一条重要的城市功能轴线。该中轴线北起中新广州知识城、南至南沙科学城，串联了东部中心、狮子洋增长极等重要战略节点，是贯通广州南北、缝合湾区东西的关键区域，面积约1567平方公里。

《规划》提出活力创新轴三大定位，即“国际开放合作承载地、国家自主创新策源地、湾区‘四链’（创新链—产业链—资金链—人才链）融合引领地”；四大核心功能，即“科技攻关引领区、创新转化示范区、未来产业先导区、政策创新试验区”，将积极打造引领广州向新而行的“创新之轴、开放之轴、活力之轴、山水之轴”。

从古代中轴线到近代中轴线，再到新中轴线，从千年商都到中国南方大港，再到中国内地最佳商业城市，广州城市中轴线的变迁反映了城市的变迁，代表了市中心从西向东的发展方向。广州城市新中轴线一直向南延伸，将与广州“南拓”战略一道，开辟出新的发展天地，形成带动粤港澳大湾区、海上丝绸之路沿线国家与地区共同发展的国际科技创新区、国际航运枢纽区。

随着城市持续发展，未来广州可能还会有第四条、第五条中轴线，继续书写新的故事。

古代中轴线 · 山水形胜　重商尚文

- 越秀山
- 官署衙门（今省财政厅）
- 千年古道（今北京路）
- 天字码头

近代中轴线 · 求通不求直　中西文化共融

- 越秀山
- 中山纪念碑
- 中山纪念堂
- 市府合署大楼（今广州市政府）
- 人民公园
- 维新路（今起义路）
- 海珠广场

新中轴线 · 轴线东移　新地标『七星拱月』

- 燕岭公园
- 火车东站
- 中信广场
- 天河体育中心
- 珠江新城
- 广州塔
- 海珠湖
- 南海心沙

∧ 通过海心桥，市民可以从新中轴线一头跨江步行至另一头（苏俊杰摄）

^ 广州城市新中轴线夜景（苏俊杰摄）

第三章 不辞长作广州人

文—倪明

兼收并蓄融四海，不辞长作广州人。

“参天之木，必有其根；怀山之水，必有其源；人之有祖，亦犹是焉。”广州人从哪里来？

广州自古便是一座不折不扣的移民城市。两千多年来，无论是从北方南下以求一处安身之地的贵族，还是因躲避战事而来的百姓，无论是前来经商谋生的外商，还是试图有更大作为的“蕃客”，在漫漫历史长河中，广州始终以包容的胸怀，吸引着无数人汇聚于此。这既在中国大陆的南端成就了这一座“海阔天空之城”，也塑造了它的独特气质。

秦汉 中原人始南迁

第三章·第一节

赵佗“和辑百越” 文化初融合

从石器时代至青铜时代，广州地区的原住民生于斯，长于斯，耕耘树艺，渔海樵山。春秋战国五百余年，中原征伐不已，但广州有五岭为屏障，未受影响。战国后期，海内外商贾咸集广州，此地声名远播中原。《史记》中写道：“番禺亦其一都会也，珠玑、犀、玳瑁、果、布之凑。”

秦始皇统一六国后，南征百越，以屠睢为将，大军浩浩荡荡剑指岭南。越人虽然武器装备不及秦军，但都是训练有素的渔猎高手，使用游击战术，令秦军疲于奔命两年，连主帅屠睢也命丧箭下。

之后，秦始皇动用十万士卒，开凿灵渠，使长江的船只得由湘江过灵渠，入漓江、桂江，再转入西江，顺流东下，直达番禺城。水路的开通大大降低了运输成本，保障了秦军的后勤补给。秦军改以任嚣、赵佗为主帅，大举南下。经过“三年不解甲弛弩”的苦战，秦始皇三十三年（前214年），秦朝终于将岭南正式划入版图，并设置南海、桂林、象三郡。西汉高帝三年（前204年），南海郡尉赵佗兼并了桂林郡和象郡，据有岭南（今广东、广西大部、越南北部），建立了疆土“东西万余里”的南越国，定都番禺。

赵佗认识到，对于新建的外来政权而言，南下的秦军和移民与当地原住居民的融合，是维持长治久安的关键。于是，他制定了“和辑百越”政策，在位期间致力于保境安民，推行秦汉政制，尊重越人习俗，带头与越人之大族——吕氏家族联姻，任用越人参政，传播中原文化，发展农业，兴修水利。他还在汉高祖、汉文帝时两次归顺汉朝，维护国家统一大业，使岭南出现经济发展、社会安定的局面。

中原先进农业技术改进岭南农耕模式

南下的数十万军民，构成中国历史上第一次大规模的北人南迁。赵佗帐下的河北正定老乡冼汭是一位武艺高超的游侠，作为开国功臣，由此定居岭南。《岭南冼氏宗谱》中称冼汭为入粤之始祖。冼氏在秦末动乱中招纳部曲，发展私兵，终成岭南大族。

秦汉时期大量移民来到岭南。西汉元鼎六年（前111年），汉武帝平定南越国之后，大量汉人南迁，其中不仅有普通商贾农民，还有军事人口和行政官员。

历史上，移民和原住民往往会因生存空间的争夺而发生争端，为何这种现象在广州早期的移民历史中并没有出现？有学者分析，可能是当时的百越部落主要以渔猎为生，南下的中原人带来了更先进的农业和手工业技术，改进了岭南的农耕模式。由于汉越联姻，汉人渐习越语，越人也开始使用汉字，中原的生产技术，如铜铁冶炼、建筑造船、牛耕水利等也逐渐推广开来。

原住民和新迁移来的汉人之间合作多于冲突矛盾，这可以说是后来广州本土文化包容开放底色的源头。

^ 南越文王墓出土透雕龙凤纹重环玉佩（南越王博物院藏）

魏晋南北朝

永嘉世，天下荒，余广州，皆平康

第三章·第二节

晋将被广东陈姓族群奉为始祖

广州出土的晋代墓砖铭曰："永嘉世，天下荒。余广州，皆平康。"描绘了西晋末年发生的"八王之乱"。东晋时期北方更是战乱不断，天灾频发，人心惶惶。然而五岭以南的广州却处于"皆平康"的社会局面。砖中"广州"一词应属出土文物中首次出现。晋代至南朝，江南与岭南成为流民们安身立命之所。后由于江南和荆州又数经战乱，兼有灾情，导致中原和江南流民逾五岭入粤者颇多，这是继秦汉时期北人入粤之后掀起的又一次北人入粤高潮。

此时迁居到岭南的北方望族，有陈氏、阮氏、冯氏等。东晋元兴三年（404 年）奉命来广东征战的建国大将军陈元德的牌位如今还被供奉在番禺石楼镇陈氏宗祠内。据史载，陈元德因刘裕篡位而弃官携眷南逃至广东番禺宁仁里（今番禺区南村镇坑头村）定居，被广州乃至珠三角众多陈姓族群奉为始祖。

陈元德的后代繁衍至今，已发展成广州的一个大氏族，除坑头村外，石楼、赤岗、大岭、练溪、梅山诸乡陈姓，都是他的后裔。

南北朝冼姓为岭南第一望族

在南粤先贤馆的56位先贤中，英姿飒爽的冼夫人是唯一的女性，被誉为“中国巾帼英雄第一人”。

南北朝时期，冼姓成为岭南第一望族。广东的冼氏本家分出了两支：一支是广州的南海冼氏，另一支是高州的高凉冼氏。南朝时，高凉州刺史冼挺之妹冼英嫁给高凉太守冯宝。公元548年，冼夫人支持高要太守陈霸先，与其一同起兵讨伐侯景叛乱，并建立陈朝。公元570年，广州刺史欧阳纥反陈，并诱捕冼夫人的儿子冯仆。冼夫人出兵平叛了此次谋反，以两代忠贞不负国家的义举为立身之本。陈朝灭亡后，隋文帝遣总管韦洸宣抚岭南，冼夫人派孙子冯魂率众将其迎入广州，岭南遂归顺隋朝。隋开皇十年（590年），冼夫人派孙子冯盎平定番禺俚人首领王仲宣叛乱，解广州之围。

冼夫人历经梁、陈、隋三朝，一生向化中原，安抚百姓，使岭南安定繁荣达半个世纪，因功勋卓著，被隋文帝册封为谯国夫人，被百姓尊奉为“岭南圣母”。

千年以来，岭南地区的百姓对冼夫人十分敬仰，形成“爱国爱家、勇敢坚强、扶危济困”的冼夫人文化。随着华人的足迹遍布东南亚各国，今天南洋多地还有冼夫人庙。

宋代中原士大夫避难岭南

第三章·第三节

广州诸多古村始于宋代

唐元和年间，张九龄开凿大庾岭路，使之成为沟通南北军事、政治、经济的最便捷、成本最低的古代“高速公路”，也成了此后历代中原、江南向岭南移民最便捷的通道。不过，直到北宋，广东人口仍然稀少，宋高宗绍兴三十二年（1162年）时，广东人口才78万。珠江三角洲当时还未形成，初露水面的沙洲常被洪水或咸潮淹浸，不利于耕种。南宋以后，中原人越过大庾岭在南雄珠玑巷暂时落脚后，南下珠江三角洲，开村居住，其中一部分人来到广州。这场从珠玑巷移民珠三角的大规模人口流动，持续时间长达200年，从北宋末年一直持续到元朝。

根据文献家黄慈博《珠玑巷民族南迁记》所述，现在珠三角广府人的211个氏族中有191个来自南雄，且大多数是在南宋时期迁入的。这些“新移民”正是看中了被珠江冲积而成的肥沃平原和滔滔珠江水。宋代移民在这里围田3万多顷，供养了近20万户人家，这个数字是唐朝时的近5倍。今天被称为广东“聚宝盆”的珠江三角洲，便是由他们所开拓的，这也是广东大开发的开始。

据历史地理学家曾昭璇、曾宪珊统计，南宋时广州一带的原住居民和迁入居民之比已经达到了44：56，移民人口的数量超过了广东原住人口（包括百越人后代、南宋以前汉人移民的后代）的数量。

迁徙而来的人们带来了中原文化，韩愈、苏轼、周敦颐、文天祥等文化名人更是对促进岭南文化发展有着卓越贡献，有些文人的后裔也留在了广东。900多年前，宋代文豪苏东坡被贬岭南，越过梅关，来到广州，游览了白云山蒲涧、扶胥镇南海神庙。他与道士谈古论今于天庆观（位于今中山六路一带），邀约友人把盏欢谈。其孙苏绍箕后来为避乱，举家迁居至广州五眼桥一带。现在，广州东圃、车陂一带还有很多苏姓人士。

受丰厚的中原文化滋养，宋代以来，岭南教化渐开，人文渐盛，诞生了不少殿堂级的人物，多以文采风流与刚正清廉著称。南宋名臣、广州增城人崔与之晚年居住广州，创立了岭南第一个学术流派“菊坡学派”。崔与之门生李昴英是广东历史上第一个探花，在平定摧锋军叛乱中展现出了非凡勇气……在文化史上，他们展现了岭南文人胸襟高旷、学养淳厚和意趣洒脱的一面。

外商中进士还封大将军

中原移民带来了成熟的农耕技术，但广州人并没有完全遵循中原“重农抑商”的传统观念，从汉代就有了海上贸易，唐宋时期的海上丝绸之路更是直接通达波斯湾。唐朝时期，光塔附近形成十余万外商聚居的居住区，唐朝政府为此专门设立“蕃坊”，大唐用开放包容的姿态欢迎外商，广州富足的生活也让客商流连忘返，其中有著名的阿拉伯人进士李彦升。他幼年时随长辈的商船队来到广州，爱上了中国文化，饱读诗书，学识丰富，还在唐宣宗年间中了进士，成为中国历史上第一个阿拉伯人进士，遂成一段佳话。

宋代也有不少外国人在广州与本地人通婚生子的记载。有一个名叫辛押陀罗的蕃商，旅居广州数十年，不但担任蕃坊首脑（俗称蕃长）多年，还被加封为归德将军。这位归德将军平素穿着长袍，戴着官帽，说着一口流利的汉语。辛押陀罗还在广州为外商子弟捐建蕃学（即如今的国际学校），做了不少善事。宋神宗熙宁年间，广州开设了第一家蕃学，就设在广府学宫内。蕃学既教授中华文化，也有以诸外商本国语言开设的课程，算得上是最早的双语教学。

这些海外来客让广州移民的构成更丰富多元。

明清

人文璀璨名人辈出

第三章·第四节

明代始有“广府人”之称

元明时期，战乱频仍，天灾人祸接踵而至，再次掀起了南雄珠玑巷人南迁的移民潮，这些移民进一步充实了珠江三角洲地区。与此同时，随着明初地方行政改“路”为“府”，“广府”渐渐成了民系之称。

“广府人”之称始于明朝，指的就是这些保留着独特文化记忆与民风民俗的移民后裔。明清时期的广州，文风鼎盛，涌现出一批在思想、教育、文学及家国大义层面影响深远的文化名人：明代中叶，湛若水继承陈献章研习心性之学，创建云谷、甘泉等数十所书院，足迹遍及南北，弟子达数千人，推动岭南教育从山林走向官学，构建了明代岭南儒学的传播体系。明末，陈子壮以探花之身投笔从戎抗清，直至兵败被俘、壮烈殉国。其与陈邦彦、张家玉并称为 “岭南三忠”，诗文多含家国之痛，气节风骨垂范后世，成为明清易代之际士人精神的象征。清初，屈大均、陈恭尹、梁佩兰并称 “岭南三大家”，以诗笔书写时代沧桑，使岭南文学在主流文化体系中占据重要一席。这些文化名人或在思想领域开宗立派，或于危亡时刻捐躯赴义，或借诗文言志传情，共同构筑了明清广州 “崇文尚节”的地域精神内核。

清兵入关后，居住于黄河、长江流域的人口纷纷南迁。到了鸦片战争前夕，广州的人口已达百万以上。清朝后期，战乱席卷了大半个中国，江浙、福建、两湖百姓又陆续迁入广东。

南迁的“新广州人”发现这里商业兴盛，人更加务实；对外贸易让人更富有远见和冒险精神；崇尚儒家让人知仁行义，生命力格外顽强。

“天下李，广东陈”

陈是广东第一大姓。番禺石楼镇的陈氏宗祠门楣上的“善世堂”三字（寓意陈家“为善于世”）由抗倭名将戚继光题写，因而名扬四海。清光绪年间，陈氏成为广东最大的姓氏。光绪十四年（1888年），陈昌朝、陈宗询、陈兰彬（中国首任驻美公使）、陈伯陶（暨南大学创始人之一）等48位广东陈氏乡绅名流联名邀请全省72县陈姓宗族共商建祠事宜，可见广东陈氏人丁兴旺。他们推陈太丘为共同先祖，在广州共建合族祠“陈氏书院”，也就是现在的陈家祠。

“许地”对中国近代史影响深远

陈氏虽是广东第一大姓氏，晚清号称“广州第一家族”的却是高第街许氏。据许氏族谱所载，乾隆二十五年（1760年）前后，汕头沟南村民许永名来到广州经商。许永名长子许拜庭因出资组织剿灭海盗而被清廷封赏，后斥资在高第街购买屋宇。此处屋宇被后人称为“许地”。

发迹后的许拜庭以“高第”之名鼓励子弟习儒入仕，特选高第街作为家族定居地，其长子许祥光在道光十二年（1832年）高中进士。许祥光还是广州抗英运动领导者之一。1849年，英军的坚船利炮闯入珠江口，许祥光联合广州爱国士绅，号召城内外居民，很快征得团丁10.7万人，集中训练。许祥光带头捐献6万两白银，又募得40余万两白银，购买枪械、粮饷，日夜守城。许祥光还以粤绅名义正式致函英军，陈说利害。“香港总督”英军司令文翰不得已在洋行门前贴出布告：“严禁英人入城。”

此后200多年间，高第街“许地”名人辈出：护理浙江巡抚许应鑅、清政府一品大员许应骙、粤军总司令许崇智、三任中山大学校长的教育家许崇清、鲁迅夫人许广平……历史报告文学作品《千秋家国梦》作者伊妮认为：“他们对中国近代史的影响，并不比人们耳熟能详的宋氏宗族逊色，甚至可以说，他们影响历史的时间更长。”

一代代“新广州人”习儒入仕、经商谋生。不拘一格的务实性格、不守一隅的进取精神成为广府人的鲜明特色。这里不断涌现出举世闻名、对后世影响深远的人物。近代，广州最早接受先进工业文明的洗礼，黄遵宪、康有为、梁启超、孙中山等在这里发出震惊中国的声音，为中华文明的兴盛作出了极大贡献。

^ 高第街“许地”曾名人辈出（陈忧子、陈希摄）

当代

来了就是广州人

第三章·第五节

家在珠江边的康云说，他永远也忘不了2010年11月12日晚广州亚运会开幕时的举城狂欢。当晚11点，靠近海心沙的广州大道和花城大道挤满了人。11月的广州秋意渐起，但每张脸上都是激动的汗水，“那晚的场景，让我这个外来人对广州有了情感认同和身份认同”。

“广州既适合生活，也适合打拼。”大学毕业后就来到广州工作的康云这样说。广州是全国第一个开放劳动力市场的城市，其开放包容的人才政策吸引“广漂”在此扎根。

像康云这样对这座城市深怀情感认同的“新广州人”不在少数。据广州市统计局数据，2023年末，广州常住人口为1882.7万，户籍人口1056.61万，也就是说，每两个广州常住人口中，就有一个“新广州人”，这些外来人口中又有近半数来自广东省外。此外，广州近年来地铁客流强度、单个高铁站客流量都居全国前列，外来人口不断涌入并在此安居乐业，显示了广州作为国家中心城市的强大吸引力。

如果将统计时间再拉长，我们可以看到，改革开放掀起了广州历史上人数最多的一次移民浪潮。与古人不同的是，这次人们不是为了躲避战乱，而是为寻求更好发展的主动迁徙。“东西南北中，发财到广东”，改革开放初期，这句口号风靡全国，吸引了成千上万的年轻人南下广州。1980年，“春运”一词首次见诸报端，由此开启了“人类历史上规模最大的周期性的人类迁徙”，广州火车站至今还是春节期间中国最繁忙的火车站之一。1982年，广州市外来人口数量为8万多人，占总人口的比重仅为1.55%；1990年，这个数字已经翻了7倍。此后广州的外来移民数量节节攀升，2016 年，外来常住人口数量已达到 630 多万人，占城市常住人口的 45%。

强大完整的产业生态、链接全球的枢纽网络、开放包容的商住环境，吸引了源源不断的外来人口。广州有内地第一家现代购物中心、第一家自选超级市场、第一家五星级酒店、第一个扬手即停出租车公司等无数个“第一”。1995 年，24 岁的青年丁磊从宁波来到广州，创办网易；8 年后，他成为全国首富。他曾说：“我在广州的城中村住过，从零起步，广东包容我、接纳我，给我机会。”2010 年，坦桑尼亚商人塔米姆来到广州。13 年后，他已成为一家货运公司的中国区总经理，并被选为广州坦桑尼亚商会主席。

正是因为这种不论出身、放胆追求的务实精神，这座古老的移民城市才得以永葆活力。

“这座城，把所有人变成广州人”

中山大学教授黄天骥在《岭南新语》中用“淡定”和“生猛”两个词来形容广州人，一方面是广州人懂得善待自己、享受生活；另一方面是广州人生活节奏很快，头脑灵活，敢为天下先。

但凡在这里住上一年半载，就不难感受到这座城市的自由开放气质持续孕育着以人为本的气度，敢为人先的劲头从来不曾褪色。“新广州人”早已养成了这些习惯：吃饭前涮碗，两指轻叩桌面以示“感谢斟茶”，喝凉茶、煲靓汤，用“咩嘢”表示疑问，用“大把”代替“很多”，排队、让座、AA制……这一切，都呈现出广州这座城市两千多年来从未中断过的文化张力，她从容、淡定、开放、包容，还有着非常难得的“规则意识”。

在中央电视台财经频道主办的《中国美好生活大调查》中，广州已多次被评为“中国最具幸福感城市”。外来人口在这座城市不仅能找到工作的机会，更能得到接纳和尊重。

“这座城，把所有人变成广州人。”文化学者江冰的一句感叹，道出了其中真谛。

^ 人头攒动的广州南站（苏俊杰摄）

A13
A15
A17
A19
检票口 Check in
A20
检票口 Check in
A21
检票口 Check in
A22
车次 终到站 开点 状态
检票口 Check in
A23
车次 终到站 开点 状态
开车前4分钟停止检票
检票口 Check in
A24
车次 终到站 开点 状态
开车前4分钟停止检票
欢
度

第四章

古祠流芳九百载

文—张忠安

古祠流芳九百载，家国情怀传到今。

聚族而居，族必有祠。“祠堂”一名最早出现于汉代，也叫家庙、宗祠。不过，很长一段时间里，只有帝王与士大夫才有资格建家庙祭祖，民间不得立祠。自南宋朱熹著《家礼》立祠堂之制，及明嘉靖年间施行“推恩令”之后，祠堂才逐渐走进民间，成为各姓族人敬祖议事、教育族人、弘扬社会价值观的场所。

如今，一座座布满岁月痕迹的广府古祠默默嵌于现代都市中，是广州人的根和源，记载了先人数不尽的奋斗，又寄托了其对后人的殷切期望。一砖一瓦，可以阅读、可以理解、可以想象。走进古祠堂，就如同走进城市肌理的最深处，处处彰显着广府人敢为人先、开拓进取、爱家爱国的精神情怀。

族必有祠溯根源

第四章·第一节

广州现存最古老祠堂建于宋

广府祠堂广泛分布于今天粤港澳大湾区广府民系聚居的地区，特殊之处在于，它是随着历史上大批北方人南迁，开垦沙田而逐步形成的。可以说，每一座祠堂，都诉说着一个家族千百年来的迁徙与发展。

从秦汉到北宋，有资格建祠堂的不是王公贵族，就是士大夫官员。宋代，大量北方人为躲避战乱，越过大庾岭进入岭南，在珠玑巷暂时落脚后，南下珠江三角洲，开村居住。这些"聚族而居"的村庄，一般会按姓氏系别修纂族谱，如果条件许可，还会修建祠堂。位于南沙区黄阁镇莲溪村的麦氏大宗祠就是由黄阁麦氏供奉的开村先祖麦必达所建。据《广州市文物普查汇编》记载，麦氏大宗祠始建于宋代，已有近900年的历史，被认为是广州地区现存最古老的宗族祠堂。

明代广府地区出现首个建祠高峰

明代颁布《圣谕六言》，要求百姓"孝顺父母，尊敬长上，和睦乡里，教训子弟"，并逐渐放宽了民间立祠的限制。通过科举考试入朝为官的广府人极力修谱建祠，成为助推。

明弘治十八年（1505年），21岁的广府人方献夫考中进士。此后，方献夫便为其祖父兴建祠堂，后来又为其父建公祠。

他在《亭秋公祠记》中赞美其祖父“好古读书、博闻强记，世称书柜”。他修建祠堂的目的就是引导子孙“尊祖、敬宗、睦族”，使家风绵延。

方献夫只是当时的代表之一。明代一朝，广东共出了6355名举人、889名进士、6名一甲进士、3名状元，其中，出自广州府者占了半壁江山，有举人3090人、进士457人，而6名一甲进士中，除潮州林大钦外，其余5人皆出自广州府。

民间宗祠真正合法化的契机是明嘉靖年间的“推恩令”，许多广府祠堂就是以此为依据而兴建的。嘉靖十五年（1536年）十月，礼部尚书夏言奏请嘉靖帝“推恩”，放宽官民祭祖规定，获得批准，史称“推恩令”，也被视为对民间敬祖立庙的承认。由此，广府地区出现了建祠的第一个高峰。

明末清初，著名学者屈大均在《广东新语》中如此描写当时祠堂之盛：“每千人之族，祠数十所。小姓单家，族人不满百者，亦有祠数所。”有大宗祠，有分祠堂，还有更小的支祠堂。有的大宗祠之豪华，足令今人称奇。建于明万历年间的沥滘卫氏大宗祠，头门就有五间之宽，堪称当时广州地区之最。鸦片战争时期，英军由珠江入城，卫氏大宗祠因规模过于宏大，被英军误以为是官府，由此遭受炮击，至今其正门左侧墙面上修补过的痕迹仍清晰可辨。

清代合族祠成为一大特色

明末清初，战争频繁，广府祠堂的兴建陷入低谷。广州“一口通商”后，经济迅速恢复，各宗族积累了大量的财产，广府迎来历史上的第二个立祠和修缮祠堂的高峰。今天留存的不少大祠堂都是在这一时期修缮的，比如沙湾的留耕堂。这一时期新建的祠堂多以三开三进的中小祠堂为主，同时也出现了新的特点。一个是建筑更具本地特色，用上了更先进的工艺，比如木雕、石雕、瓦陶艺、彩画等，石檐柱、虾公梁、镬耳山墙也开始大量出现，人们利用装饰中富有地方特色的图案来传达和睦、孝道、伦理、忠勇等家国思想。另一个是出现了以陈家祠为代表的“合族祠”，以原贡院附近的大马站、小马站、流水井、越华路、广卫街等处最为集中，比如何家祠、朱家祠、赵家祠等。与传统的祠堂不同，合族祠是各地同姓氏宗族合资建造的，目的是为参与建造合族祠的同姓宗族子弟在省城参加科举考试、办理各种事务等提供便利。这已经不是严格意义上的宗祠，其作用就像各地同姓宗族在广州设立的“办事处”，从血缘关系转向了更广的社会联系。

广府祠堂的建设和结构在清末民初基本定型。户外常见水面、庭院、青云巷、旗杆夹等，有些祠堂还附带园林。主体建筑有头门、拜亭、正厅、寝堂等，有的还有厨房、侧廊、侧堂或后花园。其中，门口最有讲究。以有水面为佳，比如水池、河涌等，有些水面是半圆形，类似学宫泮池，寄希望于家族人才辈出。如果家族出了个进士，祠堂门口就会立一个旗杆夹。比如，番禺的屈氏大宗祠，门口就有六座旗杆夹。

祠堂建筑单体以“堂”为主，辅以廊、厢等，空间以门、墙、牌坊、照壁等分隔。如果族内出了对国家和社会有贡献的人，族人就会把他们的画像和事迹陈列在祠堂内，以鼓励和教育后人。每一座祠堂都凝聚了世世代代许多人的情感，是尊敬先人、崇仰贤德、凝聚人心、教化后人，维系族人亲情、维护社会秩序、实行家族教育的地方。这就是祠堂所承载的历史文化意义。

^ 卫氏大宗祠（苏俊杰、邱伟荣、杨耀烨、骆昌威摄）

∧ 陈家祠廊道（骆昌威摄）

古祠承载家国情

第四章·第二节

“太公喊你分猪肉啦！”每当这个声音响起，多半是到了整个村子的居民到祠堂聚会的时间。通常春秋二祭后，族内或村内德高望重的人会在祠堂前将猪肉分给各家各户，寓意福荫及庇护已到各家。

要问“太公分猪肉”兴于何时，恐怕没人能说清楚，因为这种文化已深入广府人的生活。广府祠堂是人们处理宗族内部事务的场所，也是人们表达对美好生活向往、弘扬当时社会主流价值观的平台。经过数百年的沉淀，祠堂所蕴含的家风家训、爱国情怀已成为人们窥见和了解当时社会风貌的一把钥匙。

乾隆千里赐沥滘卫氏屏风

清乾隆年间，有一年冬天，广州沥滘村卫氏正在为103位60岁以上的寿星祝寿做准备。乾隆皇帝知道此事后，便御赐了祝寿屏风，内容是祝贺老翁寿辰，由三朝重臣、一代名相张廷玉撰文，大书法家汪由敦书写。

很多人会想，日理万机的乾隆皇帝，为什么会给千里之外的岭南一个村落的老人贺寿？原来，广州尊老爱老之风历来兴盛，明代尤以沥滘有名，每年正月十五，村里都会在祠堂为60岁以上的寿星摆寿筵。卫氏第十九世祖——卫廷璞是清雍正元年（1723年）进士，官至太仆少卿，深得张廷玉器重。有一年冬天，卫廷璞对张廷玉说，他的家乡有100多位60岁以上的长者，村里要设宴为他们祝寿，希望张廷玉能撰文为寿宴增光。张廷玉随即将此事禀报乾隆，乾隆便借此机会弘扬孝道。至今，这件屏风依然保留在沥滘卫氏大宗祠内。

其实，祠堂寄托的就是家族情怀。卫氏大宗祠建于明万历年间，至今已有400多年历史，为典型的明朝建筑，其敬老爱老的价值观就藏在祠堂大门口的楹联中："数十壸中仙走出甲子来，交梨餐火枣并餐，自是襟怀落落；万千族内人同入蟠虬去，狐貉坐缊袍亦坐，居然文质彬彬。""壸"原指宫中的路，此处指村中的街巷；"壸中仙"指老寿星们；"交梨""火枣"说的是仙果；"狐貉"指穿狐皮貉皮大衣的人，泛指有钱人；"缊袍"指穿旧棉袍的人，泛指穷人。整联的意思是：数十位年过花甲的老寿星穿街过巷来参加寿筵，品尝着仙果佳肴，个个襟怀坦荡，落落大方；万千个族内人同去赴宴，不论贫富，都文雅而有礼貌。全联核心思想就是一个"孝"字，整个祠堂的核心也是一个"孝"字。

巨富白纶生乐善好施

如果说卫氏大宗祠让人看到了广州人的孝道，纶生白公祠和"乐善好施"牌坊则让人看到了广州人的仁善。江海大道龙潭村有一座四柱五楼三门式石牌坊，在这里耸立了一个多世纪。正中庑殿顶刻"圣旨"二字，横匾刻"乐善好施"四个字。这是清光绪十七年（1891年）由光绪皇帝下旨所建的。

御赐牌坊建成8年后，不远处的纶生白公祠落成，专门用来纪念仁善巨贾白纶生。这座祠堂坐东向西，左右三路，前后四进，以水磨青砖砌墙。头门面阔三间，硬山顶；中堂面阔三间，与拜亭成勾连搭；后堂也是面阔三间，硬山顶，为供白氏祖宗牌位的地方。正门两侧立石鼓，两石鼓外侧对称分布近一米高的石台。

最有纪念意义的还是祠堂里的那副楹联："孝友睦姻任恤，六行交修，念仁粟义浆，实惠至今流族党；曾元来曷仍云，累传勿替，看旅楹松桷，宏规振古奠堂基。"其中，"孝友睦姻任恤"是儒家的六种善行，上联的意思是说，孝顺、友爱、和睦、联姻、担当、怜悯这六种善行要一齐修行；下联"曾元来曷仍云"则是指四世孙到九世孙，泛指子子孙孙，大意是希望白氏子孙将仁善美德传承下去，切勿荒废。全联的核心是"仁"和"善"。

施仁行善，正是白纶生一生的写照。据史料记载，白纶生原名白经，字纶生，1823年出生在龙潭村，年幼丧母。那时的龙潭村还是偏远郊野，到广州城就算出了趟远门。15岁时，白纶生独自前往广州城谋生。因无钱付渡船费，被船家斥骂，同船一位老伯替他付了船费，他才得以到达广州城。到广州后，白纶生在堂舅父的洋行内做杂工。其间，白纶生诚实、苦学，很快精通业务，后来自己开起了悦盛洋行，成为当地巨富。

当年老伯的帮助在白纶生心中种下"仁善"的种子。白纶生成为巨富后，大兴善事，创办爱育善堂，还每年拨款资助城西的方便医院（今广州市第一人民医院的前身）和四庙善堂。平时，白纶生对贫苦者施粥、施衣，从不间断。他还出资在龙潭村修桥、修路、办学堂。如今村民仍在使用的四座白石桥——汇源桥、康济桥、利溥桥和迎龙桥均由白纶生出资捐建。

1890年，湖南发生大水灾，白纶生捐出一笔可观的赈灾款，灾民逢人便称颂他的善举。据《广州市文物普查汇编》记载，1891年，两广总督李瀚章奏请光绪帝褒题“乐善好施”，为白纶生父母建坊以示表彰。白纶生一生谦恭有礼、乐善好施、扶危济困、大仁大义，为后世树立了典范。

文豪屈大均本是“战士”

家和则国和，族兴则国兴。卫氏大宗祠和纶生白公祠的家风受人敬仰。而番禺屈氏大宗祠承载的家国情怀又格外受人敬重。屈氏大宗祠始建年代待考，据《番禺县志》记载，为“清嘉庆十八年（1813年）重修扩建”。祠堂位于今番禺区化龙镇莘汀村，坐东南向西北，广三路，中间为正祠，两侧是青云巷和廊庑，深三进。

屈氏大宗祠的核心人物是屈大均。在很多人的印象中，屈大均是一位儒雅文豪，亦是南粤先贤，其著作《广东新语》在岭南乃至中国文学史上有着重要地位，是人们研究广东历史文化的宝贵资料。

其实，除了大儒的身份，屈大均还有一个身份——有着浓烈爱国情怀的“战士”。顺治三年（1646年），清军攻陷广州，屈大均的父亲对年仅17岁的儿子晓以大义，告诫他要洁身自持，保持大伦于乱世。第二年，屈大均毅然参加了其师陈邦彦发动的抗清斗争，在高明起兵，与在南海的陈子状和在东莞的张家玉，互成掎角之势。可惜陈邦彦最终兵败，被杀害于广州，暴尸荒野，无人敢收尸。屈大均挺身而出，冒死收殓老师的遗骸，此举被传为一段佳话。

顺治七年（1650年），清兵再次攻陷广州，当时不过20多岁的屈大均在番禺圆岗乡雷峰海云寺削发为僧，并将自己的居所命名为“死庵”，以示誓死不臣服清廷之意。两年后，屈大均开始云游四海，奔走吴越、幽燕、齐鲁、荆楚、秦晋大地，游说四方志士，投身军旅，可惜后来事情败露，屈大均被清廷追捕，浪迹江湖。晚年他隐居故里，著书立说，终身不仕清廷，为后人留下了极为珍贵的精神遗产。

屈氏大宗祠不仅记录着屈氏家族的家风家训，还展示了屈大均的爱国情怀。也正因如此，屈氏大宗祠获评广州市爱国主义教育基地。如今，屈氏大宗祠的广场立有记录屈氏历代先祖功名的6座旗杆夹石，约4米高的大门神也给人顶天立地的感觉。祠堂墙面写的“一生忠赤冠绝千古，节义文章师表岭南”，道尽了屈大均传奇的一生。

实际上，广州人历来崇尚“家国大义”，家是小国，国是大家。除了屈氏大宗祠，还有车陂的晴川苏公祠，黄埔村的晃亭梁公祠、冯氏大宗祠……都有说不尽的传奇故事、道不完的家国情怀。那一串串悬挂在祠堂里，闪耀着民族精神与英雄气节的名字，为世世代代的后人所景仰。

^ 屈氏大宗祠（李波摄）

殷殷情怀传到今

第四章·第三节

广府祠堂，虽历尽沧桑，却少不了家风家训，少不了天地人的道理。在春节等传统节日或平日休憩之余来祠堂，重温家训、祈求和顺的同时，也是走进历史、感受文脉的过程。

新中国成立后，特别是改革开放之后，古祠堂成为很多机构的办公场所。进入21世纪，越来越多深藏城市肌理的祠堂得到修复、保护、活化，各种活动也逐渐恢复，祠堂重现昔日光彩。据学者统计，目前隐藏在广州各街巷大大小小的古祠堂约1300座。它们犹如一本厚重的历史教科书，讲述着广州人尊长爱幼、向善行善、爱家爱国的故事，让家风与国风相连。

“捧银”传承好家风

“掌心不动，用手指的力量去抓，两手能抓多少抓多少，跨过六道坎，都是你的！”自2019年首次再现沙湾“捧银”至今，每逢春节，在广州沙湾古镇留耕堂都会开展“捧银”这一古老的传统民俗活动，吸引了众多游客和路人的目光。

在留耕堂，春节是一年中最热闹的时候，不仅有醒狮表演、广府传统儿童游戏“卖懒”，还有“捧银”。何为“捧银”？这就要从沙湾留耕堂的渊源说起。沙湾古镇始建于宋代，因地处珠江三角洲中部古海湾的半月形沙滩之畔，故名“沙湾”。留耕堂又名何氏大宗祠，始建于元至元十二年（1275年），“留耕”二字取自“阴德远从宗祖种，心田留与子孙耕”，意即建祠造福后人。留耕堂是番禺现存年代较为久远、规模最宏大、造工最精巧、保存最完好的宗祠。全祠五进五开，堂有 112 根石柱和木柱，石雕、砖雕、木雕、灰雕不计其数，集元、明、清不同时期建筑特色于一体，被誉为“岭南综合艺术之宫”。

历史上，沙湾何氏一直兴旺，拥有大量沙田。即使到了20世纪20年代，留耕堂的族田也还有56575亩，数量颇为惊人。留耕堂以下各小宗祠及私人亦置田35000余亩，富裕程度可想而知。

千百年来，尊敬长者是何氏家族的一大家风。历史上，何氏家族曾经每十年举行一次敬老宴，并进行“捧银”活动，邀请寿宴中年纪最大的“寿头”，从放满金银珠宝的“聚宝盆”里，用双手捧起金银，再走出何氏大宗祠门口，手上捧起多少，就拿走多少。祠堂文化专家何穗鸿说：古祠堂，就像村中的老人，在默默地讲述着它的故事，形成有关家园文化与精神的共同记忆。它不仅是一处古建筑，更要用心呵护。

如今，留耕堂的“捧银”，已经成为求好彩头的民俗活动，普通游客也可参加。参与者在体验乐趣的过程中，更能深刻感受中华民族尊老敬老的文化传统。千年好家风让祠堂换新颜，这个“新颜”不光是物理建筑方面的更新，更是精神方面的充实。这也许就是何穗鸿说“当村史和族谱已经散落的时候，祠堂还在说话”的原因了。

留耕堂“捧银”活动（番禺沙湾镇供图）

邓氏宗祠充盈爱国情

留耕堂浓浓的人伦孝道感染了无数人。但当踏入位于宝岗大道龙涎里的邓氏宗祠时，让人感动的不仅是家族人伦，更是浓烈的爱国情怀。这间祠堂原本是1834年由邓氏祖先所建，规模也比较小，1894年民族英雄邓世昌为国捐躯，邓氏后人用一部分抚恤金扩建成如今规模。整整100年之后，邓氏宗祠成为邓世昌纪念馆，同时也是省、市爱国主义教育基地和广东省国防教育基地。

邓氏宗祠主体建筑坐北朝南，广三路，中路三间两进，首进悬挂邓世昌画像，二进则放置巨型雕塑，前后两进用廊相连，中间为大天井，四角各建一座阁楼。另有东院和后花园等，花园内存有邓世昌手植的苹婆树。

漫步其中，榕荫掩映，古祠端庄肃穆，雕梁画栋与牌匾楹联相映，文化气息浓郁。在这里缅怀英雄，再合适不过了。1840年，鸦片战争爆发。9年后邓世昌出生，其父邓焕庄是做茶叶生意的，思想开明，从小就让邓世昌接触新鲜知识。少年邓世昌随父亲往返于上海、广州等地，增长了见识，也目睹了外国侵略者的野蛮行径。在他的心里，就这样种下了一颗救国救民的种子，邓世昌常与身边的人说："人谁不死，但愿死得其所耳！"

19世纪60年代，清政府推行洋务运动，邓世昌毅然弃商从戎。18岁那年，邓世昌从上海专门回到广州，考入福州船政学堂，正式参军报国。他的一生也由此改变。

从军以后，邓世昌一共只回过三次家。第一次是在1871年，邓世昌趁工作调动之机，回广州探望父母。第二次已是16年后，当时其父邓焕庄早已去世。邓焕庄去世时，正值中法战争期间，面对严峻的海防形势，邓世昌最终选择了恪守公职，忠孝未能两全。后来邓世昌多次手书“不孝”之憾，以寄托哀思。邓世昌第三次回家是在1892年，谁也没有想到，这是他一生中最后一次回家。

1894年7月，中日甲午战争爆发。9月17日，在黄海海战中，北洋水师不敌日军，邓世昌所管的致远舰在完成最后的撞击后开始沉没。邓世昌鼓舞战舰官兵：“吾辈从军卫国，早置生死于度外，今日之事，有死而已！”“倭舰专恃吉野。苟沉此舰，足以夺其气而成事。”邓世昌坠海后，随从以救生圈相救，被他拒绝，并说：“我立志杀敌报国，今死于海，义也，何求生为！”与全舰官兵250余人一同殉国，年仅45岁。

为纪念邓世昌的爱国气节，族人从朝廷抚恤银中拿出4万两，以清代中晚期南方大祠堂的形式扩建宗祠。扩建后的邓氏宗祠总占地面积4700多平方米，正门按一品官员规格，建6级台阶。1994年，在邓世昌殉国100周年的时候，邓氏宗祠获批为邓世昌纪念馆，让国人永远记住这位英雄的气概。

陈家祠被誉为“百粤冠祠”

虽然明清以来祠堂在广东遍地开花，然而，自清代乾隆中期开始，朝廷多次以“把持讼事，挟众抗官”为由禁建合族祠，于是各姓合族祠纷纷改名为“书院”“试馆”“书室”。在这样的背景下，1888年，48位广东陈氏乡绅联合全省70多位陈姓宗亲共建的陈氏合族祠落成之时即题匾为“陈氏书院”，其主要功能就是为参与捐资的陈氏宗族子弟到省城备考、候任、缴纳赋税、办理诉讼等事务时提供临时落脚地。

陈家祠工程浩大，如何筹资呢？答案很简单，就是通过“售卖牌位”来筹款建祠。各地陈姓宗族为祖先购买牌位，在陈家祠祖堂神龛内供奉。他们的子弟来广州办事时，就可以入住陈家祠。牌位的摆放位置还与捐资数目挂钩。《议建陈氏书院章程》设立了详细规则，陈家祠的每个董事可在正座供奉三代祖先神主牌位，但需要先交100两银子；董事购买的正座神主牌位之外，每个正座神主牌位需要交银40两；旁座神主牌位，每个需交银20两；厢房的神主牌位，每个需交银10两。

1892年，陈家祠盖到一半时，广东儒生陈伯陶在殿试中高中探花。喜讯从京城传回广东，陈姓族人建祠热情更高，筹款倍加顺利。当时共计74个县的陈氏宗亲参与捐建陈家祠，聘请了当时岭南最好的建筑大师黎巨川进行建筑设计。黎巨川后来回忆时感慨万千：建造陈家祠是不怕花钱的，花了“百几万两银子”。工程集中了全省的能工巧匠和营造商号，木材是从海南岛乃至东南亚地区购进的坤甸木等珍贵木材，陶瓷瓦脊装饰由佛山石湾知名的陶瓷瓦脊店号“文如璧”等提供，灰塑装饰由番禺“灰批状元”靳耀生等提供，砖雕装饰工程由当时久负盛名的番禺艺人黄南山等负责，铁铸装饰由佛山名匠负责，壁画装饰由佛山著名书画艺人杨瑞石负责。总之，凡是身怀绝技的能工巧匠，一概请来。

1894年，陈氏书院落成。这座耗时7年、凝聚着众多能工巧匠智慧的精美建筑完工，岭南七绝——木雕、砖雕、石雕、陶塑、灰塑、彩绘、铜铁铸将这栋建筑装点得美轮美奂。陈家祠被誉为“岭南建筑艺术的集大成者”。1909年初，德国建筑师恩斯特·柏施曼将广州陈家祠聚贤堂的照片收录于《中国的建筑与宗教文化》。二十世纪二三十年代，陈家祠又被收入德国《世界建筑艺术》和英国《中国南方建筑》两书中，被誉为建筑艺术之典型。

陈家祠落成时，建筑的精美让受邀参加建成典礼的嘉宾赞叹不已。随后，海内外的陈氏宗亲也模仿广州陈家祠的样式，建造祠堂式建筑。顺德陈氏以广州陈家祠为蓝本，斥资20万两白银在顺德沙滘建宗祠，成为佛山最大、广东省第二大的陈氏大宗祠，规模仅次于广州陈家祠，也被称为广州陈家祠的“姐妹祠”。生活在吉隆坡的陈秀连曾是广州陈家祠落成时的典礼嘉宾，后来他联合吉隆坡陈姓华侨在当地仿照广州陈家祠修建了吉隆坡陈氏书院。他派人去广州陈家祠学习，按图实地测绘，同时请了广州工艺师傅，采购石、木、砖雕刻和石湾陶塑瓦脊、红砖、琉璃绿瓦，以及梁木、柱等建筑材料和装饰艺术构件，从广州运来，广州工艺师傅随后来到吉隆坡，投入建造工程。如今，吉隆坡的陈氏书院被评为马来西亚“国家文化遗产”，是当地华人的感情和文化依托所在，每逢春节、中秋、端午等传统节日，大家都来此舞狮、耍花灯，庆祝节日。

在历史风云中，广州陈家祠曾书香氤氲。民国期间，陈家祠内除了举办春、秋祭祀外，还办过几所学校，包括广东公学、广东体育学校、文范中学和聚贤纪念中学等。1959年，政府把陈氏书院辟为广东民间工艺馆，收藏、研究、展出以广东地区为主、兼及全国各地的历代民间工艺品。1994年，广东民间工艺馆更名为“广东民间工艺博物馆”。今天游客参观的广东民间工艺博物馆（陈家祠），是21世纪以来政府先后多次拨出专款，购买优质材料和聘请老艺人进行了数次复原修复的成果。2002年、2011年，陈家祠以“古祠留芳”的雅名两度入选新世纪“羊城八景”，成为广州的一大地标。

^ 陈家祠陶塑（骆昌威摄）

光緒辛卯

广裕祠与北京故宫同龄

广裕祠全称“陆氏广裕祠”，位于距广州市中心约 40 公里的从化区太平镇钱岗古村，是明代陆氏后人陆广裕等人为纪念西汉名臣陆贾和南宋名臣陆秀夫而建的家族祠堂。广裕祠始建于明永乐四年（1406 年），与北京故宫同岁，至今已有 600 多年历史。

广裕祠是截至目前发现的全国唯一一座有6次大修年代记录的古祠，被誉为“建筑标本”。如今的广裕祠不只是一座普通的广府家族祠堂，更是一个不可磨灭的独特历史印记。它记载了广府人的祖先从中原一路南迁的艰辛与辉煌，成为人们游览古迹、景仰英雄的打卡地。

南宋末年，丞相陆秀夫以身殉国后，镇守南雄梅关的陆秀夫第四子陆礼成隐居珠玑巷，后遭元兵追杀。陆秀夫第五代后人陆从兴从珠玑巷一路辗转南下，到钱岗村时，见山清水秀，粮余粟足，幽静隐蔽，便定居于此，子孙绵延，枝叶茂盛，逐渐形成了一个以陆氏为主、面积约5万平方米的古城堡式村落。

广裕祠坐落在古村中央，整体建筑依地势而建，由照壁、院落、翼墙和祠堂主体组成，建筑面积 825 平方米，占地面积约 1000 平方米。这个规模在钱岗古村“只此一家”，足见广裕祠在村里的地位。照壁位于祠堂正门前，是一座用青砖砌成、呈“八”字形的瓦檐砖墙，在岭南极为罕见。“八”字形照壁是典型的北方风格。据当地人说，北方风沙大，建“八”字形照壁、翼墙可以遮挡风沙，而南方并不需要。但南迁于此的北方人，因怀念家乡，就按照家乡的传统在南方修建祠堂。

广裕祠的不平凡之处，不在于美轮美奂的建筑艺术本身，而是有6次确切的维修时间记录。这些记录或刻于脊梁上，或镌刻于石碑中，或嵌入墙壁，或立于院内。广裕祠第六次大修于2001年启动。这是广裕祠“修旧如旧、揭瓦换梁”式的彻底大修，延续了广裕祠数百年来悉心保护的优良传统。2003年，广裕祠获联合国教科文组织文化遗产保护竞赛“亚太地区文化遗产保护杰出项目奖”第一名，是当年9个国家共22件入围作品中唯一的一等奖。著名考古学家麦英豪也称赞道：“（广裕祠）是非常宝贵的建筑标本。”

^ 广裕祠（骆昌威摄）

第五章 西关风情韵流长

文 — 倪明 张忠安

百年大屋韵流长，西关小姐气自华。

西关是古代广州城西门外一带的统称，位于今荔湾区。漫步西关，趟栊门、广式玻璃窗，一砖一瓦、一街一巷、名人古迹，皆是广州历史长卷中的浓重之笔。作为近代广府民居的典范，西关大屋巧妙融合了本地“三间两廊”的精髓，以适应广州湿热多雨的气候，形成独具一格的建筑风貌。青砖石脚间蕴含着近代商业文明的辉煌与神韵，庭院深处则隐藏着岁月的风云变幻和无尽的故事。这里不但走出了许多富商名流精英，也走出了以中国首个女西医、中国电影皇后等为代表的西关小姐。

沧海桑田 西关变迁

第五章·第一节

秦汉江海连天

广州城西的西关一带，以今龙津路为界，北为上西关、南为下西关。今天，在恩宁路一带畅游的人们很难想象，脚下古朴的麻石路昔日都在水中央，人们出行全靠船舶。“水绕重城俨画图，风流应不让姑苏”，在清代本地诗人笔下，这里一派水乡风情，令人流连忘返。

据史料记载，远古时期，五岭以南，皆为大海。清代《顺德县志》中写道：“昔者五岭以南皆大海耳，渐为洲岛，渐为乡井，民亦藩焉。”今天的珠江三角洲所在地在那时是一片较浅的开阔海湾。受地球自转等因素影响，海潮渐退，海岸线渐渐南移。不过，秦汉时期，今恩宁路所在的西关平原仍是江海连天，是中外商船前往流花湖古码头的必经之地，这一情形一直持续到隋唐时期。

唐宋积沙成陆

唐宋时期，今黄沙大道、六二三路一带成了“海”滨之地（珠江昔日称为“珠海”），呈向南突出弧形，今河南、西关一带泥沙渐渐堆积，由涌而田，形成广州城西的平原地带，今恩宁路、昌华大街一带也形成了大片陆地。五代十国时期，南汉国主在这一带修建华林园、昌华苑等皇室苑囿，大面积种植荔枝，每到荔熟时节，南汉国主在昌华苑大摆“红云宴”，今恩宁路西关培正小学斜对面的昌华大街，名字就源于昌华苑。

当时，这一带可以说是凭“海”临风，河网纵横，由此成为贸易要道。古时广州有两座南海神庙，一座在黄埔的扶胥镇，称为东庙；另一座在今文昌路广州酒家附近，称为西庙。宋代诗人杨万里有“大海更在小海东，西庙不如东庙雄”之句，说的就是这两座南海神庙。神庙必建于海边的码头附近，商贾和船员在出航前要去神庙祈求保佑，安全归来后，则要到神庙拜谢。因此，南海神庙所在之地，也是商业繁盛、商船辐辏之区。

明清宅邸连云

到了明代，沿西濠和下西关涌两岸的商业活动逐渐兴起，形成了著名的十八甫“街圩”商业区。清代，随着粤海关和十三行的设立，西关成为当时广州乃至全国举足轻重的对外贸易中心。

明清时期，广州十三行是我国的对外贸易中心，是当时全国乃至世界上少有的富有地区之一。此地邻近泮塘城郊，河汊纵横，荔岸荷塘星罗棋布，风景宜人，大批富商巨贾、达官贵人纷纷在下西关涌兴建豪宅，著名的西关大屋正是从此时开始兴建的。住在西关，也成了身份的象征。当时广州的潘、卢、伍、叶四大富商家族及科考状元、榜眼、探花等大多住在西关。

位于恩宁路多宝坊27号的泰华楼，坐北向南，面宽三间，硬山顶与青砖墙十分典雅，曾是清代咸丰年间探花李文田的书斋，如今是广州市文物保护单位。李文田是顺德人，咸丰九年（1859年）高中探花。他为官勤勉，敢于直谏，曾上疏竭力阻谏慈禧太后重修圆明园，后又坚决反对《马关条约》，未果，满腔悲愤，数月之间须发皆白。

1878年，李文田辞官后住在广州，在今恩宁路一带修建了探花第，并建泰华楼作为书斋。“泰华”之名，来源于楼内珍藏的“东岳泰山碑”和“西岳华山庙碑”拓本。当时的泰华楼占地约3000平方米，藏书数万卷，多古刻名钞。据学者吴丹青介绍，清代中期以后，广东藏书之风兴盛，尤以广州城西李文田的“泰华楼”、城南孔广陶的“三十三万卷楼”和城北方功惠的“碧琳琅馆”最负盛名。现存的泰华楼规模虽不及原来的十分之一，但仍为后人研究古籍留下了不可多得的资料。

清代道光、咸丰年间，上十八甫商业区以北、宝华坊以西的西关地区也开始大规模建设居住街区。宝源路内巷宝源北街18号无疑是西关大屋中的佼佼者。屋主梁大镛是道光年间广州有名的瓷器商人，在同文街（今十三巷、杉木栏）、豆栏街开设“五常”“缙成”商号，人称“瓷器梁”。梁大镛被清廷赐予二品顶戴花翎。他为5个儿子每人盖了一栋大屋，自己居住的大屋被称为“梁资政第”，占地2000多平方米，有厅堂屋宇20余间。

晚清年间，西关得风气之先，新式教育、新闻出版、西医等新事物蓬勃发展。据史料记载：“光绪中叶，绅富相率购地建屋，数十年来，甲第云连，鳞次栉比，菱塘莲渚，悉作民居，直与泮塘等处，壤地相接，仅隔一水。生齿日增，可谓盛矣。”当时，富商名流、在东南亚打拼的华侨和知识精英纷纷在上西关涌与下西关涌之间的平原上买地置业，盖起了一栋栋大屋。

在这些西关大屋中，被公认最具创意的，是荔枝湾畔的小画舫斋。光绪中叶，广东台山人黄福在南洋发家致富，回广州置业，其中就有小画舫斋。这栋西关大屋是一座环形建筑，精致典雅的房舍相连，中间是露天花园，别具一格。建筑内的“船厅”形同画舫，两边全是套刻蓝玻璃的广式玻璃窗。小画舫斋临水，白荷红荔，古木荫翳，修篁掩映，恍如仙境。

黄福的大儿子黄景棠去世后，黄福的三儿子黄子静成了小画舫斋的主人。黄景棠、黄子静对传统文化十分痴迷，书画古物收藏极丰，还经常召集文人墨客画家雅聚。如果客人擅绘画，就款待于“读画楼”，好吟诗的，则款待于“诗境亭”。近代诗人黄节曾赋诗抒怀：“灯前风物花先放，楼外春寒夜已沉。最是满江渔火绿，归舟还载一年心。”

岁月流逝，清末豪宅与财富传奇，已化作历史书页上的淡淡墨香。如今，复建的小画舫斋静静地矗立在碧水之畔，向世人展示着那段永不褪色的文化记忆。

^ 西关大屋横门门头上部的“蝴蝶窗”（杨耀烨摄）

西关大屋舒适实用

第五章·第二节

民国时期大屋“瘦身增高”

西关大屋和四合院相比，有何不同？岭南城市和建筑历史研究者禤文昊认为，北京四合院是都城规划的产物，位于城内，成形于古代，相对稳定，业主是传统的官宦阶层。广州的西关大屋则是城市化的产物，位于城郊，成形于近代，业主是新兴的工商业士绅阶层，大屋建筑结构、材料、装饰与时俱进。

在民国时期大规模的城市建设中，旧时的街巷扩成马路，广州的建筑基本都更新了一遍。当时，随着建筑技术进步和城市人口增多，用地更加紧张，新建、重建的西关民居开始“瘦身”，并向空中发展，至少建2～3层，且各层都开窗。

耀华大街上共有39个门牌号，明字屋、竹筒屋以及中西结合的洋楼别墅比邻而居，俨然成了一座近现代西关民居博物馆。虽然明字屋只是一正一偏的“两边过”，但父母长辈仍住在首层正间厅后的传统并没有变，许多屋主也照以“西关大屋”称之。层数的增加抵消了间数的减少。民国时期，西关大屋不仅增开窗户，还开了楼梯门，使各层独立对外，便于分家或分租。

此时，西关大屋的建筑外观形象及细节装饰方面开始出现西式元素，在建筑结构方面亦局部使用水泥等新材料。离耀华大街不远的宝源路，就有不少中西合璧的大屋。宝源路9号看上去不起眼，但考究的趟栊门和铁艺窗花，还是不经意间流露出当年大户人家的风范。

中西合璧充满烟火气

与晚清十三行行商的豪宅相比，民国时期富商的宅邸要低调许多。

如果不是1937年那场奢华的“世纪婚礼”，宝源路一带的街坊很难注意到“花纱大王”陈泽球就住在这里。婚礼的男主角是邓华熙之孙邓又同，女主角是陈泽球的女儿陈艳琼。出嫁当天，陈艳琼带着珠宝玉器和整套紫檀家具等嫁妆，从宝源路9号前往多宝路“邓宫保第”，队伍停停走走有半里路长。她戴的凤冠有七八斤重，为了璀璨夺目，还装上了电灯泡。六天之内，筵开数百席，这是平日低调节俭的陈泽球唯一一次向世人展示他的财富。

当时西关人多地窄，人们建房时往往会占满整个地块。陈泽球设计住宅时，却反其道而行，专门在门口留出一块空地，一则能让路人躲风避雨，二则希望家人出门免遭风雨，三则教育子女要以退为进，只有自己足够强大，才能在这寸土寸金的地方拥有立足之地。

小画舫斋附近也建起了一座中西合璧的大屋，青砖墙体和典型的“三重门”保留了西关大屋的传统风貌，而带有4根西式支柱的阳台与圆弧形山花图案则展现了西式建筑元素的精致与优雅。这栋建筑原属知名粤商陈廉仲，陈廉仲后来将其卖给了抗日名将蒋光鼐。之后，因身在广州的东莞籍人士筹办在穗子弟读书的莞旅中学，蒋光鼐慷慨地把这栋楼借给莞旅中学当作校舍，自己与家人则迁居到东山梅花村的小居所。如今，这栋故居已成为荔湾博物馆的一部分。

民国时期的西关大屋，不再是可望而不可即的深宅大院，商人、华侨、牙医、名伶、报人、教师杂居一巷，成了邻居。许多西关大屋内部被重新分割、改建，形成“左邻右舍，济济一堂”的新居住模式。

广府文化学者叶曙明说：“扒着脚门往里看，有钱人家，不过是在中堂多挂几幅字画，多摆几张酸枝桌椅，桥台上陈列几件名瓷罢了。有的西关大屋、竹筒屋里，住满了四姻九戚、同乡同学、亲朋好友，屋主把房间出租给别人，自己做包租婆、包租公。大家同门异户，在同一条青云巷中出入，在同一个屋檐下吃饭，低头不见抬头见。没有鲜明的等级观念，平民化、世俗化，才是它的灵魂所在。”正如电视剧《外来媳妇本地郎》所展现的那样，西关大屋里三代同堂、亲朋好友共居一屋的生活场景，充满了浓浓的人情味和烟火气息。

建筑格局蕴含礼仪

西关商贸发达，在寸土寸金之地建起的西关大屋，既保留了广府传统民居“三间两廊”的精髓，又巧妙融入了适应广州湿热多雨气候的设计元素，展现了广州人低调实用、传统且开放的特质。

位于荔湾湖畔的西关民俗馆，是参考传统西关大屋的建筑结构复建的建筑。行走其间，仿佛穿越时空，传统西关大屋独有的韵味一下子展现在眼前。

明清时期，广府村落内最常见的是“三间两廊”民居：主座建筑三开间，两侧为廊屋，中间是天井。西关大屋保留了传统“三间两廊”的精髓，但建在寸土寸金的街巷里，布局就必须更紧凑。临街门廊往往不大，看上去平淡无奇，内里却大有乾坤。有些西关大屋进深长达三四十米，着实展现出广州人注重实用的低调特质。

西关大屋最常见的是“三边过”布局，正间以厅堂为主，两旁偏间为书房和客房，通常称“书偏”。

西关大屋以中轴为中心，房间左右对称，秩序井然，最高大的地方是正厅。正厅以及头房是长辈起居之地，屋脊最高，装修陈设最为考究。这样的布局既反映了广州人传统的家族观念，也体现了大家庭长幼有序的居住模式与礼仪规范。

西关大屋内厅与厅之间以天井相隔，门官厅、轿厅和正厅之间的天井都是方方正正的。除了屋顶开天窗采光，有的天井上也加了小屋盖和天窗，下面用绳子扯动开合。粤语中“拉埋天窗”的说法正来源于此。“拉埋天窗”后被引申为结婚，成为一家人之意。

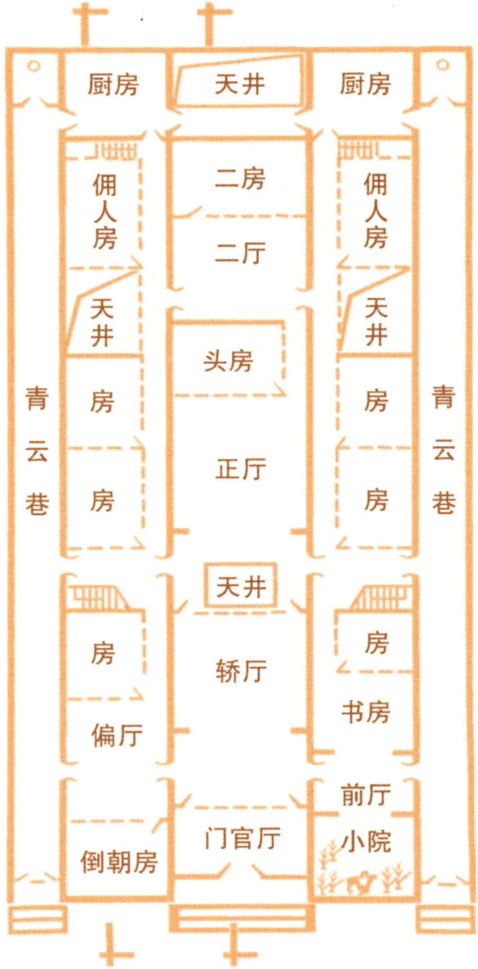

^ 西关大屋的典型平面为三间两廊，左右对称，中间为主厅堂。中轴线自前而后，依次为入门廊、门厅（门官厅）、轿厅（茶厅）、天井、正厅（大厅）、头房（长辈房）、二厅（饭厅）、二房（尾房）、天井。一般大屋为二三进，形成颇多的中轴线。两旁偏间前部左边为偏厅和客房，右边为书房及小院。客房顶为平台，用来乘凉、赏月和西关小姐们七夕拜月（拜七姐）等

通风避暑舒适实用

在炎炎夏日走进西关大屋，第一感觉就是凉爽。西关大屋的设计，把通风、隔热、防晒、防潮等方方面面的需求都考虑在内。矮脚门、趟栊门、庭院、天井、敞厅、青云巷（因地势前低后高，寓意“平步青云”，可通风防火）、槛窗、天窗、水窗以及可活动的屏门、广式玻璃窗，构成了一个非常有效的通风系统，对外封闭，对内通透，冬避风寒，夏避暑热。

西关大屋的室内装修颇为讲究，木石砖雕、陶塑灰塑、壁画石景、红木家具、木雕花饰，展现了岭南工匠的精湛技艺和审美情趣；而玻璃及铁漏花、广式玻璃窗、蝴蝶窗（横门门头上方的半圆形、带蝴蝶图案窗棂的彩色玻璃窗）、刻彩图案，又巧妙地融入了西式元素。

西关大屋以其典雅大方的外观、实用宜居的内部空间以及精致细腻的装饰风格，在清代中晚期成为岭南民居的代表，迅速在珠三角地区及港澳等地流行起来。如今，当我们走进佛山的东华里或是澳门的卢家大屋，依然能够感受到那份跨越时空而来的西关风情。

西关大屋三件宝：青砖、石脚、三重门

“从官塘街走进巷子的南头，迎面第一家的就是何家，是门面最宽敞，三边过、三进深，后面带花园，人们叫作‘古老大屋’的旧式建筑物，水磨青砖高墙，学士门口，黑漆大门，酸枝‘趟栊’，红木雕花矮门，白石门框台阶……十分气派。”小说《三家巷》中的“古老大屋”就是西关大屋。

“西关大屋三件宝，青砖石脚三重门。”这是西关大屋最显著的标志。

西关大屋的青砖石脚，乍看朴素，其实造价不菲。石脚用坚固的麻石作基，再用水磨青砖围砌成空心墙，墙面打磨得平滑而有光泽。青砖密度高、耐磨损，可经数百年不磨蚀，而空心墙则有隔热、保温等作用。

俗称“三件头”的三重门，可以应对岭南炎热潮湿的气候。所以，不仅西关大屋有“三件头”，竹筒屋（开间极小，进深极长，房间一间套一间，形如竹筒）等其他岭南民居也有“三件头”。第一重门是矮脚门，高度约为大门的一半，上不到顶，下不着地，关上时既可保证屋里的隐私不被窥视，也可通风透光；第二重门是趟栊门，设滑轨，可推拉。因粤语中“双”和“丧”同音，故趟横架着的圆木必须是单数；最里面一层是大门，多用坤甸木或樟木制成，把门关上后在屋内上锁，全家就可高枕无忧。

^ 西关大屋趟栊门（廖雪明摄）

西关小姐气自华

广州有句俗语："西关小姐，东山少爷。"西关大屋见证了广州近两百年的沧桑变迁，西关一带更是孕育和滋养了广府文化明珠——西关小姐。

西关富庶繁华，文化教育也相应有所发展。清末民初，现代学校云集西关，规模在全国为最，其中有相当多的女校。1868年，广州首个女子学校——真光书院在西关开办。1899年，西关又开设了最早的女医学堂。一些名士在女校担任教员，如潘达微曾同时兼任洁芳女校、培淑女校等多所学校的美术教员。

"西关小姐"的称谓，最早出现在清末，指广州西关一带名门望族、富家的女子。当时，她们读书学习一般是请家庭教师上门执教。民国初年，西关开明的士绅富商逐渐改变"女子无才便是德"的观念，让女孩们到兴办的学校就读，西关小姐开始参加社会活动。20世纪20年代以后，大多数西关小姐开始到附近的学校读书，且不只限于女校。有些女子念完高中后还考上了大学（如岭南大学等），甚至出国留学。她们成了新兴知识分子，学英语、学钢琴，有些还在项链上插上自来水笔，以便学习。

"西关小姐"逐渐演变成一个打扮入时、接受过新式教育、有着新潮思想的女性群体代称。越来越多的西关小姐外出工作，成为机关职员、公司文员、会计、医务人员、中小学教师等。她们身穿新式旗袍，脚蹬高跟鞋，打扮时髦，举手投足间尽显大家风范，一举一动都成为当年的时尚标杆。

西关小姐成为影后

1935年，14岁的西关小姐陈云裳应香港导演邀请，主演了粤语影片《新青年》，从此声名鹊起。她于1904年荣膺“中国电影皇后”称号，还演唱了多首脍炙人口的歌曲。在影片《木兰从军》中，她把花木兰智勇双全的品格和在国家危难时挺身而出的英雄气概演绎得荡气回肠。放映结束后，观众席掌声雷动。上海滩刮起一股“云裳热”，诸多新开的店铺纷纷以“云裳”为名，人们称她为“南国美人”。

∧ 陈云裳

“穗城奇女”救死扶伤

很多西关小姐投身医护事业，其中的杰出代表就是张竹君。

张竹君是地道的西关小姐，出身名门。幼年一场大病，令她对西医产生了浓厚的兴趣。1897 年，21 岁的张竹君打破当时只有男子才能学医的传统，进入博济医院（今中山大学孙逸仙纪念医院）附属南华医校学习，后转入夏葛女医学堂，以优异的成绩成为中国历史上早期的女西医。

1901 年，张竹君在西关开办了中国第一所由女子创办的医院——禔福医院，并自任院长，专为平民治病，不久又创办了南福医院。

她把诊所开在广州闹市。出门时，她梳一条男式“大松辫”，身穿男式西装、脚蹬学士装鞋，坐四个人抬的敞篷椅轿，常引来路人驻足而观。她自己则手捧外文书，泰然自若。

张竹君的特立独行，在当时成为奇观，坊间由此流传开一句歇后语：“张竹君坐大轿——倒看洋书。”

1902 年，张竹君毅然把南福医院改为育贤女学，这是广东最早的由中国人开办的女子学校。她亲自讲授医学、天文、地理等课程，还设立了女工艺厂，广招学员，传授编织等技艺，以帮助女子自立，被誉为“女界梁启超”。

1904 年，她凭着高超的医术和判断力，成功协助广州平息了一场霍乱，“穗城奇女”的名声不胫而走。

1911 年，武昌起义的枪声吹响了辛亥革命的号角。张竹君参加同盟会，并亲往前线，在炮火中出生入死，救治伤员。《申报》热情报道了张竹君的义举，赞扬她是“中国的南丁格尔”。

∧ 张竹君

西关女将威震排坛

很少有人知道，在二十世纪二三十年代，中国的女排就已威震亚太排坛。当时，女排的领军人就是在广州西关长大的卢惠卿。

卢惠卿毕业于真光学校。这所新式学校注重学生的全面发展和体能训练。在这样的教育氛围下，对体育深感兴趣的卢惠卿得到了很好的培养，在少女时代就成了运动健将。

1925年，卢惠卿以国家女排主力队员的身份，赴菲律宾参加第七届远东运动会。

1927年，卢惠卿以国家女排队长的身份，率队参加第八届远东运动会。她的扣杀球又准又狠，常常让对手防不胜防。

1930年，卢惠卿成为国家女排（中华女子排球队）的掌门人。同年5月，第九届远东运动会在日本举行，卢惠卿以广东女排为班底组建队伍，以教练身份率队出征，荣获亚军。

抗日战争胜利后，卢惠卿赴美国哥伦比亚大学师范学院体育系深造，获哥伦比亚大学体育博士学位，成为该校第一位获此学位的中国女子。同时，她还在国际上推广太极拳。移民美国期间，她不仅教当地人打太极拳，还用英文撰写了《太极拳手册》，将中华传统文化推广到海外。

从深闺千金到独立女性，西关小姐以她们的才情、勇气与智慧，书写了一段段动人的故事，成为历史和文化的符号。直到今天，追求独立、自主、知识与进步的西关小姐的形象依然熠熠生辉。

^ 广东女子排球队与华东女子排球队比赛的场面

风情犹存巷陌间

第五章·第四节

有学者说，西关代表了具有广州特色的近代商业文明的精髓和神韵。

走进西关，走在长长的麻石巷中，一道道趟栊门在眼前闪过，昔日清脆的木屐声仿佛声声入耳。即使被热闹的商圈环绕，住在这里的西关街坊仍然守着古屋老宅，种花养鸟，喝早茶，听着悠长粤韵，生活怡然自得。逢源街一带每周都有私伙局演出，首家粤语相声艺术馆落户于耀华大街24号，吸引了不少街坊前来领略当代粤语相声大师黄俊英的艺术魅力。

在时代的变迁中，保存完好的西关大屋并不多见，但西关大屋蕴含的建筑文化一直留存并延续。不管是恩宁路的骑楼群，还是龙津路、多宝路的店铺民居，趟栊门、广式玻璃窗等建筑元素的踪迹无处不在。

有些承载了几代人记忆的西关大屋成了博物馆，李小龙祖居就是这样一个案例。博物馆用了包括全息投影在内的诸多现代科技手段，提升游客体验。人们可以站在全息投影前，与李小龙来一次“隔空交流”。

一些没有挂上文物保护建筑铭牌的西关民居被改造成了面点店、糖水铺、民宿、书店、粤菜馆、西餐厅、咖啡馆等，成了“网红”打卡地。

正如中大教授黄天骥所说：“西关地区，特别是内街环境的风韵，以及西关人那种活跃好动而又从容不迫的气质，没有被雨打风吹一去而不复返。生猛淡定的品格，在新的时代，又有新的发展、新的变化。”

^ 西关大屋正厅（苏俊杰摄）

金玉

第六章 东山洋楼荟中西

文一张忠安 曾卫康

百年东山洋楼，荟萃中西文化。

东山开发不过百年，建成以龟岗、新河浦和梅花村为核心的全广州最大的西式别墅群，成为当时华侨、政要的聚居地，以藏于闹市之中的“东山洋楼”而闻名遐迩。载入史册的中共三大在这里召开，许多传奇故事在这里发生，东山洋楼既见证了广州城市发展的脉络，体现了广府文化开放包容的品质，又记录着几代广东籍华侨的奋斗历程与家国情怀，更承载了今天新老广州人安居乐业的幸福生活。

东山洋楼　平地而起

第六章·第一节

在中山二路和内环路交界处的高楼上向东俯瞰，一大片红黄相间的洋楼映入眼帘，绽放出特别的光彩。漫步其间，只见庭前廊后，花繁叶茂，过滤了闹市的喧嚣，一种经时间打磨和沉淀后散发出的隽永气息，穿越百年光阴，扑面而来。

东山和西关延续了老广州两大历史文脉。东山洋楼所在地名曰东山，东山之名，据传始于明成化年间的东山寺。《广州城坊志》载："东山寺，在城东。"因有东山寺，又居于广州城东，这一带渐被称为"东山"。东山之"山"，就是诸如烟墩岗、龟岗、木棉岗等的小山丘。其中心位置在今天的署前路、庙前街、龟岗路、寺贝通津、松岗和农林上路等地段。明代，东山尚属"辟在一隅，向未有过问者"的"不耕之地"，经过清末民初短短二三十年时间，华侨、政要麇集于此，东山洋楼平地而起。

东山开发始于清末

最早的东山洋楼是20世纪初西方传教士修建的校舍和慈善机构的楼舍。据《东山区志》记载，清朝末年，美国南方浸信会开始在东山寺贝通津、恤孤院路、庙前西街、培正路一带买地，修建礼堂，开办培道女子学堂（校址在今广州市第七中学）、培正书院等一批西式学校。其中，1889年成立的培道女子学堂于1907年迁入东山，其学生宿舍和课室礼堂，是东山一带最早出现的新式建筑。

这一时期，培正书院也在东山建新校区，分为小学和中学，只收男生。培正中学大师云集，成绩斐然，曾有“北有南开，南有培正”之说。著名音乐家冼星海曾在培正中学银乐队担任教练，著名小提琴家马思聪也曾就读于培正小学。当年培正的学生给外界的印象是注重运动，阅读范围广，兴趣多样，言谈举止充满自信、阳光的气质。这些年轻人慢慢被称为“东山少爷”，与“西关小姐”一道，成就了广州历史文化长卷中的一段佳话。

东山洋楼于百年前渐现雏形

1911年，随着辛亥革命成功，千年古城广州进入城市建设转型期。当时，世界正处于一战前夕，在海外打拼多年并有一定积蓄的广东籍华侨纷纷回国避乱，在广州寻找落脚之处。但古城之内及城外的西关地区早已人烟稠密，无立足之地，于是，他们把目光转向城东。

此时的东山，离广州城较近，环境清幽，土地价格低廉，且建有培幼、培道、培正等新式学校。1911年，广九铁路建成通车，又成为东山开发的支点。因此，以广东籍为主的华侨纷至沓来，聚于东山一带，筑庐定居。1941年出版的《广州概要》记载：“东山本为郊外一村落，以广九铁路经此入世，欧美侨民，有的在铁路附近卜居者……建筑西式房舍者日众，遂成富丽之区。”

《东山文史》记载，1915年，华侨黄葵石等人集资在龟岗买下了18亩荒地，平地修路，分段出售建楼，先后开辟了署前路、启明大马路、恤孤院路和新河浦路等路段。

1919年出版的《广州指南》中关于“东山”的词条是这样写的：“自广九铁路建成，西人皆在此建住宅以避市嚣，华商亦接踵而来，于是遂成整洁之村落，有茶居、福音堂、学校等。地价日增，屋宇日盛。”

20世纪20年代，东山一带由华侨投资兴建的洋楼渐次兴起，街区道路网络逐渐成形，荒凉的东山日渐喧闹起来，成为继西关之后广州第二大高档住宅区。

东山的洋楼在传统岭南大屋基础上糅合了西洋风格，既有前庭后院，又有红砖清水外墙，形成与城西的西关大屋、骑楼和竹筒屋等风格迥异的特色建筑群。

自19世纪中叶直到抗日战争之前，华侨在东山共建造洋楼785座，形成龟岗启明、新河浦和松岗（后更名为“梅花村”）三个规模较大的洋楼群，“东山洋楼”之名横空出世。

^ 东山洋楼群（王燕摄）

百年风云　英才辈出

第六章·第二节

东山洋楼那一堵堵厚重的红砖清水外墙，默默见证着往昔的峥嵘岁月。20世纪20年代，广州是中国民主革命的策源地，一大批有志青年纷纷聚居东山，挥斥方遒；东山也成为许多军政要员、富商名流、文化教育大家等择地居住的首选。有海外留学经历的开明人士也慢慢在周围聚集，他们一般是华侨、教授、医生、实业家等，有较高的文化素养。

新中国成立后，东山洋楼相对优良的居住环境、生活设施（当时广州除沙面外，只有东山的小洋楼里有抽水马桶）和浓厚的文化底蕴吸引了一批又一批受过良好教育、见过世面的华侨、粤剧名伶、文化名人、教育大家在此居住。

春园曾是中共中央办公地

恤孤院路上的逵园，是一座由美国华侨马灼文建造的洋楼，楼高三层，钢筋混凝土结构。以前，庭院里种植了不少蒲葵树，郁郁葱葱，故又称“葵园”。虽经岁月洗礼，但木质楼梯、扶手上的纹理仍然清晰可辨，拼花阶砖仍旧光洁亮泽。逵园之所以闻名，在于它有一位了不起的“邻居”——中共三大会址。

1923年，中共三大在恤孤院路上一座毫不起眼的砖木结构小楼里召开。据立于逵园的碑文记载，20世纪70年代，中共三大代表徐梅坤前来广州寻找中共三大会址。他对当年会议召开的情景还留有一丝印象：当时他们在会议间隙休息片刻，曾站在窗前眺望远处风景，记得北面能看到“逵园”两字，其顶部还写着“1922”的年份。由此，逵园成了确定中共三大会址的重要坐标。

沿恤孤院路向南，尽头便是位于新河浦路24号的春园。这座侨园由三栋楼构成，前面是新河浦。据老街坊讲，以前河涌可行船，涌边有慈姑塘，周围蕉林环绕，春园实至名归。不过，让春园载入史册的，是当时的一群年轻人。

1923年，中共中央机关迁到广州，春园成为当时中共中央办公地。中共三大召开期间，共产国际代表马林和出席会议的陈独秀、李大钊、毛泽东、瞿秋白、张太雷等就住在春园，并在客厅讨论修改中国共产党党纲、党章，起草大会的宣言和各项决议草案。

东山洋楼还是许多革命志士盘桓流连之地，中国近代民主革命家、社会活动家廖仲恺及夫人何香凝在广州从事政治活动期间，就居住在新河浦可园；时任大元帅大本营建设部部长的谭延闿也曾住在培正路的简园，中共三大会议休会时，毛泽东就曾来此拜会，争取谭延闿支持国共合作。

1930年，掌控广东政权的“南天王”陈济棠将自己的公馆建在了“松岗模范住宅区”，这是当时全国第一个“模范住宅区”，范围大概在“东山安老院之南、广九铁路之北、东至自来水塔、西至仲恺公园”。它是第一任广州市市长孙科在其父亲孙中山“花园都市”理念的影响下，将广州东郊拓展为新式住宅区的设想付诸实践的产物。1932年，“松岗模范住宅区”

更名为梅花村。

陈济棠入住梅花村后，当时的广东军政要员纷纷在梅花村营建官邸，形成一个由20多个公馆组成的新式高端洋楼住宅区。当时在此居住的，除了陈济棠和孙科之外，还有一代名将蒋光鼐等人。

清一色的西洋建筑比肩而立，气势恢宏。“有钱住西关，有权住东山”的俗语也流行了起来。

名人作家云集

1950年5月至1966年间，蜚声海内外的散文大师秦牧曾住在启明二马路2号。1961年，秦牧出版《花城》一书，让广州“花城”的雅名传遍全国。

秦牧居住的是两层曲尺形红砖洋楼，别墅有院墙。鲜为人知的是，这栋院墙有“观窗知人”的功能。据说当初建设时，主人特意把墙上通花窗子的高度设计得与常人身高相等。有人来访时需踮起脚扒着窗往里看。院子里的主人如果只看到院外人的头顶，说明那是路人，不必理会；如果看到人脸，说明是客人，就会出来接待。

粤剧大师红线女曾在明园住过一段时间。据明园建造者黄作让的孙女黄新穗回忆，当年，明园斜对面就是广东粤剧院的排练场，在这里工作的工人们经常围看红线女彩排。

明园北边不远处是梅花村36号，著名小说家欧阳山在此度过了他人生最后的25个年头。出生湖北、长居广州的欧阳山，深受岭南风俗市井生活的熏陶，将岭南革命历史、老广州风俗长卷融会于长篇小说《三家巷》之中。

^ 柏园（王维宣摄）

保护活化　文化味浓

第六章·第三节

东山洋楼既是老东山人最美的记忆和乡愁，又是人们慕名而来品味历史的载体，更是新一代年轻人追逐梦想的舞台。

近年来，广州十分重视对历史文化的保护和活化。2000年，东山洋楼群片区被列入广州市首批“历史文化保护区”；2019年广州颁布《新河浦历史文化街区保护利用规划》，493栋洋楼被纳入保护利用规划范围。经过多年活化，如今东山洋楼不仅保留了“复古风情”，还让历史“活”了起来。

百年洋楼散发出的文化气息和情调，吸引了许多“追梦人”来此创业。这里逐渐形成了特色商业、旅游休闲、文化创意等特色空间。艺术馆、设计师店、工作室、特色小店、咖啡厅……如同东山洋楼一样隐于闹市，悄然记录着广州城日新月异的变化，点亮了城市生活的一角。

华侨梦回广州东山家

走在老街上，看到历史的痕迹爬上了墙，让人想起儿时在街头巷尾嬉戏的时光。很多华侨的后代喜欢东山的环境和生活方式，居住在东山洋楼里，他们觉得与有荣焉。这本身就是对历史的传承与活化。

百年前的“东山少爷”中不乏壮怀激烈的热血青年，抗日烈士刘逢生就是其中之一。保宁路一座有着百年历史的三层红砖洋楼就是刘逢生的故居，刘家后人至今还住在这里。刘逢生的外孙黄少华说，1938年，广州沦陷，刘逢生带着一家人准备取道香港去美国，但在香港与抗日游击队有了密切接触，祖国和人民遭遇的深重灾难，强烈震撼着刘逢生的心。刘逢生随即放弃前往美国的计划，参加了抗日游击队。1945年抗战胜利前夕，年仅36岁的刘逢生壮烈牺牲。黄少华还说，前辈的奋斗让我们有了今天幸福的生活，“我能够住在这里，感到非常自豪”。

洋楼里珍藏着祖辈的气息和文化根脉，东山老街坊对这里总有一份缱绻深情。近代侨商梅彩迺因经商有道，被誉为“中国的洛克菲勒”，其第四代孙梅国强就出生于东山彩园。梅国强一直住在东山，他说，1926年，梅彩迺在东山修造别墅彩园，面积当时在东山数一数二。如今，曾在彩园居住的梅家人大多移居海外，但梅国强一家除外。“住惯了东山，不想离开了！”梅国强说。

“乡愁总是剪不断的。”说这话的是五大侨园之一隅园的建造者伍景英的第四子伍卫能。伍景英早期留学英美，是近代著名造船专家。隅园位于寺贝通津42号。据立于隅园门口的石碑记载，隅园约建于1932年，整体风格源自英伦，阳台梁托上有中国独有的吊钟花形，被誉为“西曲中词”。透过琉璃瓦硬顶、红砖清水墙，以及庭院里郁郁葱葱的古树，人们仍能遥想当年这里的气派与典雅。伍卫能表示，他的兄弟姐妹多数在国外生活，有的已经退休，有的仍在工作，他们还时不时回寺贝通津隅园看看，小住数日，正是因为割不断的乡愁。

离隅园不远的明园，为华侨黄作让所建，斑驳光影隐隐透出当年风韵。黄作让的孙女黄新穗回忆说，自己从小就生活在明园。她在《记忆东山》一文中说：“我虽然已移居海外几十年，但有一个熟悉的场景总不期然在梦中浮现：当我轻快地步进那扇绿色琉璃瓦上盖的拱门，一条窄窄的小路就映入眼帘，路的两旁蝴蝶起舞、花木缤纷……我惊叹：这世外桃源不就是我的故园吗？”

百年洋楼散发出的文化气息，吸引着年轻人蜂拥而至。曾经的逵园变身为当代艺术馆。2011年，一位名叫黄铁群的年轻人和几位小伙伴策划创办了逵园艺术馆。黄铁群表示，要活化利用文物历史建筑，逵园这种具有人文和历史底蕴，同时又充满生活气息的场所恰逢其“所”。

逵园三楼被开辟为文化交流活动空间，人们在这里一边品尝咖啡，一边欣赏当代艺术作品。轻松愉悦和充满趣味的方式能够让大家充分体验艺术与生活。东山洋楼里的文艺气息，满足了那些既享受当下的柔软时光，又略带怀旧情怀的年轻人的精神诉求。

^ 东山洋楼（莫伟浓摄）

①龟岗大马路：位于越秀区署前路南端。南起江岭西，北至庙前直街。长 185 米，宽 9 米。1915 年，归侨在东山开辟新住宅区，因这里的山岗如龟背，故取名“龟岗”，并兴建龟岗小区 5 条马路。

②恤孤院路：位于越秀区新河浦路附近。清光绪年间，两广浸信会在东山创立恤孤院，收容会友的年幼孤儿。1909 年，恤孤院在今培正小学旁建成，并在门前开辟马路，故名恤孤院路。

③寺贝通津：位于越秀区，东起于达道路，南止于庙前直街。东山五大侨园之一的隅园就在这条街上。“津”即码头，“寺”是指东山寺，“贝”通“背”。根据《广州市地名志》，这条街道因位于东山寺背后，且曾为寺贝底村居民出入的通道，故得名“寺贝通津”，意思是“东山寺背后通往海边码头的那条路”。

④烟墩路：20 世纪初的东山是大东门外的荒郊，有几座以“岗”为名的小土丘，烟墩岗是其中之一。烟墩岗上有一座烽火台。清光绪三十三年（1907 年），培正书院在烟墩岗建校后，烽火台被拆除，烟墩岗被铲平，岗旁开路，名为烟墩路。

① 龟岗大马路
② 恤孤院路
③ 寺贝通津
④ 烟墩路
①
②
③
④
电信广场
内环路
中山二路
农林上路
寺贝新街
寺贝通津
庙前西街
启明四马路
庙前直街
德安路
烟墩路
龟岗大马路
广州市培正中学
光东前街
恤孤院路
培正路
培正东街
东山圣方济各堂
新河浦路
合群二马路
培正新横路
新河浦五横路
新河浦四横路
新河浦三横路
新河浦二横路
新河浦一横路

^ 东山洋楼群街道示意图

第七章 百年骑楼宜商宜居

文一张忠安

百年骑楼筑老城肌理，廊下烟火延千载商脉。

广州有句俗语："暑行不汗身，雨行不濡屐。"翻开广州地图，或许你难以想象，历史上约15平方公里的广州老城区，密密麻麻分布着近60条骑楼街。作为一种近代商住合一的建筑，骑楼百年前在广州兴起，融合了中外建筑特点，与广州人的生活哲学一拍即合，与广州近代繁荣的商业相伴而生。骑楼街是广州乃至整个岭南地区的重要文化符号，它见证了中国建筑文化从古代向近代、现代转型，保留着岁月的痕迹，藏着记忆和乡愁，如今被赋予新生，重焕光彩。

清末民初广州骑楼从无到兴

第七章·第一节

骑楼在广州人的生活中有着不轻的分量。作家梁凤莲曾说："骑楼不仅成就了广州的风貌，也成全了广州的气派格局，散淡的却又自在机巧的，日晒雨淋仍悠然信步，闲适放松却又内藏妙用，你来我往不沾不滞的，皆大欢喜能收能放的，宜商宜居的骑楼，二楼与大街相通，店铺与众生相连，表情与功能均是灵巧多样，广州的骑楼活脱脱就有了一副活色生香的面孔。"

广州骑楼源于何时何地？有人说，骑楼最早可以追溯到古埃及、古希腊、古罗马，大约于19世纪传入东南亚，后又传至中国，进入广州；也有人说是源自岭南传统的干栏式民居。《广州市志》记载，骑楼是外国券柱廊式建筑形式传入后与广东地区的特点长期融合演化而逐步发展成的一种具有岭南特征的建筑形式。

中国工程院院士何镜堂说，骑楼等岭南建筑既体现了多种文化的融合，也体现了当地气候环境的特殊性。广州属亚热带季风气候，多雨湿热。广州骑楼主要由楼顶、楼体和楼底三段构成，楼上住人，防潮防水；一楼走廊又为行人防雨遮阳，"翻风落雨"不用愁。环境好，有人流，自然是做生意的好地方。因此，这种商住两用的骑楼与广州人的生活哲学和商业基因一拍即合，一合即旺。事实上，广州的许多老字号，早年都是从骑楼街崛起，然后名扬海内外。

1884—1889年，主张"中学为体，西学为用"的张之洞担任两广总督。他接受了建业堂等商户的建议，结合广州城市特点，以"弭水患、兴商务"为由，连续上书光绪皇帝，奏请在今天字码头一带兴筑120丈（约400米）的堤岸，在堤岸形成的马路内建廊铺、发展商业。张之洞在奏折中说："修成之堤一律建筑马路以便行车，沿堤多种树木以荫行人，马路以内通修铺廊，以便商民交易，铺廊以内广修行栈，鳞列栉比。"

这种"马路—铺廊—行栈"的街道模式，被认为是广州骑楼的雏形。不过，1889年，张之洞便调任湖广总督，离开了广州，他筑堤建铺廊的设想也一再拖延。然而，广州人认定的事情，即使有困难也要干。1914年，广州长堤竣工，这条位于珠江北岸，东起今东川路附近、西至黄沙的江堤全部由花岗岩筑成。堤上宽阔的马路从广州城外横穿而过，一端通往广九铁路，一端连接粤汉铁路黄沙站。这为后来大规模修建骑楼奠定了很好的基础。

民国初筑路建骑楼繁荣商业

民国初年的广州，大家都希望能建设一个新城市，特别是有海外留学或生活背景的青年人。但当时广州城区内街道狭窄弯曲，除惠爱大街（今中山路）等少数主街有五六米宽外，其他小街小巷都非常拥挤。从交通、商业、卫生等方面考虑，当时的官、商都提倡要改造旧城，倡筑马路、建骑楼、兴商业。

真正意义上的广州骑楼，最初以"有脚骑楼"的称谓出现于1912年国民政府颁布的《广东省城警察厅现行取缔建筑章程及施行细则》中，当时规定：凡堤岸及各马路新建铺屋，都要留出八尺宽的位置，建造“有脚骑楼”，以作步道之用，不得私自占用。西堤二马路等沿街部分骑楼就是依照此规修建的。

从1918年起，当时的广州官方制定了大量快速推广骑楼的措施，如在计划建设骑楼的马路两旁重新建铺时必须兴建骑楼。一场轰轰烈烈的筑路建楼行动就这样开始了，很快就建起了今中山四路、北京路、文德路等城市干道以及沿街骑楼。太平南路、盘福路、大德路、西濠二马路、小北路等马路以及沿街骑楼也相继登上历史舞台。

随着军阀混战结束，广州财力也大为好转，不再鼓励建骑楼。在1933年《广州市内不准建筑骑楼之马路表》中明确规定白云路、广卫路、多宝路、应元路等都不准再建骑楼。给出的理由有“人行路太窄”“马路不宽”等。随后虽有零星骑楼建设，但再没有大规模连片骑楼街出现。1937年夏天，爱群大酒店在长堤建成开业。不久，广州遭到日军飞机的轰炸，一段和平建设的年代结束了。

至此，广州骑楼的建设大致完成。

^ 位于文德南路与万福路交会处的巨型转角骑楼（陈忧子摄）

兼容并包传承商都基因

第七章·第二节

20世纪初，广州骑楼从兴建到基本定型，仅仅用了20年左右，大致建成了以今人民路和中山路为坐标轴，北至东风路，西至龙津路，南至同福路，东至东华路的骑楼街，当时总长40多公里，风格各异、兼容并包，构成了广州旧城肌理的骨架，反映了20世纪初广州城市的发展状态，也是岭南建筑文化从古代向近代、现代转型道路上具有里程碑意义的标志。百年广州骑楼传承着千年古城的商都基因，尤以人民南长堤、北京路、上下九恩宁路以及南华同福路等四大骑楼群最为突出。

长堤骑楼群诞生广州近代首个 CBD

1914年，广州长堤全线竣工，便利的交通很快带动了这一带的发展。同年，先施环球货品粤行在长堤开张，成为内地首家现代化百货公司。其附属公司东亚大酒店是当时广州最著名的旅店之一。立于长堤大马路骑楼群的石碑显示，东亚大酒店为当时广州规模较大的酒店，其第七层天台设有花园，有“不夜天”之称。

一批建筑设计师也把国际大型公共建筑风格引入长堤骑楼，这里的骑楼开始突破四层、五层，甚至达到十层以上，在广州骑楼群中形成独特的气派。1922年建成的城外大新公司（今南方大厦）有十五层，为当时广州第一高楼，也是中国第一座钢筋混凝土结构高层建筑。

位于今长堤大马路与人民南路交会处、修建于20世纪20年代的嘉南堂也非常有气势。嘉南堂包括三栋建筑，其中南楼就是今新华大酒店，楼顶设有礼堂和天台花园。新华大酒店旁边是有“南华第一楼”之称的新亚大酒店。该骑楼最初设计为写字楼，后改为新亚大酒店。1926年中华全国总工会劳动学院在此创办，是我国第一所培训工人运动干部的高等院校。

新亚大酒店的每一个细节都值得观摩欣赏，外墙立面长长的拱形窗与垂直线条，充满哥特式装饰风格；两侧发券却是典型的罗马风格。底层高五余米、宽约四米的行人通道，完全突破了当时普通骑楼尺度的标准，堪称豪华骑楼空间。这组建筑由著名建筑师杨锡宗设计。

20世纪20年代末，广州长堤一带已是寸土寸金。此时，海珠石被填埋后，修筑了约1160米长的新堤大马路（今沿江西路），并在海珠岛与长堤大马路之间的河滩上填出一块平地，叫新填地。1934年，爱国华侨陈卓平把爱群大厦建在新填地西端靠近太平南路的三角形地带。3年之后，爱群大厦建成，高64米、共15层，既吸收了西方建筑的艺术风格，又保留了岭南建筑的艺术特色，外观设计采用垂直线条的手法，整体布局则以沿街周边布置的方式，使10层以下的平面呈钝角三角形，中间留通天采光，11层后才向西边的钝角部分收束成五边形，15层以上则以宝冠状的形式为顶。此后30年，爱群大厦雄踞广州第一高楼之位，如一艘巨轮，乘风破浪。

长堤这一带的商业在摩天骑楼中迅速崛起，成为广州近代第一个CBD。长堤一带，海关、银行、保险、酒店、百货、食府、茶楼、戏院林立，有孙中山创立的中央银行、陈济棠时期创办的广州市立银行，也有“广州四大酒家之首”的大三元酒家，还有“广州戏院之冠”的海珠大戏院，盛极一时的瑞如茶楼……长堤骑楼最大的特点就是楼层高、有气魄；繁荣的商业和服务也偏向高端，引领了岭南大半个世纪的商业时尚。

∧ 位于人民南路、与长堤相连的新华大酒店（陈忧子摄）

北京路骑楼圈曾是广州面积最大的骑楼群

长堤与北京路相连。北京路是广州古城千年未变的中轴线，清代时由北至南依次是承宣直街、双门底、雄镇直街和永清街，1920年扩建马路，统一命名为永汉路。后来改为北京路。北京路一直是商业昌盛之地。与其相连的中山四路上，1913年创建的李占记钟表首饰商行至今还很活跃。1919年建成的中山五路也是重要商业区，沿路有百货商店、永跃眼镜店、艳芳照相馆、惠如茶楼等。

在当年的城市改造中，马路由政府开辟，骑楼则大部分是由私人修建的。一幢一幢骑楼盖起来后，慢慢才连成一片。以北京路为主，涵盖了附近的中山四路、中山五路、德政路、文明路、泰康路、万福路、东华路等的骑楼群，堪称当时广州最大片的骑楼群，也是繁荣的商业中心。

私人建造的骑楼，各展所长，有仿哥特式的，有南洋式的，有西式的，也有中西融合的，可谓百花齐放。北京路步行街最北端一栋挂着“新华书店·岭南书店”招牌的骑楼就非常别致。其设计者关以舟毕业于加利福尼亚大学。这座高4层的单开间骑楼建成于1931年，两个立面风格迥异，面向今北京路一侧的正立面，上下层窗间墙的位置及建筑顶部是明显的西式“折”形风格；北立面则是典型的中式设计，如带圆拱、洗石米面层的基座，带阳台的墙身及中式的大屋顶。中外两种迥然不同的设计风格碰撞出了这幢别致的骑楼。

兼具中西风格的骑楼让商业更旺。今天的中山四路、中山五路、中山六路一带，繁盛时期有上百家老字号，致美斋酱园、三多轩、新华电影院，还有售卖绫罗绸缎、服装鞋帽、胭脂水粉、毛巾雨伞等包罗万有的商铺……购物、娱乐、餐饮一应俱全，热闹非凡。

老广州流传过一句话："不到大新，等于没来过广州。"这个"大新"到底是哪里？它其实有两处，都在广州骑楼里：一个在北京路骑楼群，一个在长堤骑楼群。1914年，侨商蔡昌、蔡兴两兄弟在今北京路上创办了大新公司，4年后又在西堤开了一家分店。根据广州古城位置，北京路大新公司叫"城内大新"，即现在的新大新；西堤大新叫"城外大新"，也就是今天的南方大厦。直线距离不到3公里的地方拥有两座"大新"，足见这一带商业的繁荣。

新中国成立后，北京路骑楼街的商业地位仍无可撼动。据老一辈广州人回忆，以前走到中山四路"新以泰"店门口时，一眼望过去，骑楼密密麻麻，老字号店铺鳞次栉比。这里不仅是广州骑楼文化的明珠，更是当时广州商业的缩影。

另外，北京路一带的骑楼群一直延伸到东山的东华东路等地段。这一带的骑楼整体风格趋于简洁现代，广式玻璃窗和浮雕被几何图案替代，简单实用。

^ 北京路科技书店（陈忧子摄）

書店

西关骑楼商业融进文化生活

说起广州步行街，人们第一印象就是北京路和上下九，这两个地方都是广州骑楼商业繁荣之地。只不过，广州城墙拆除之前，北京路位于广州古城中心，而上下九一带位于古城西门外。如今，从上下九沿第十甫路、恩宁路、龙津路，再折回到人民中路，连成了广州最完整和最长的西关骑楼环。

清末，广州西关不仅有富商巨贾，也有举子进士。受此影响，各路商贾文人纷纷到此买地建宅。一时间，今恩宁路两侧的田塘沙地都建起了青砖石脚大屋，鳞次栉比的西关大屋，堪称清末广州最美住宅建筑。

到了20世纪初，广州启动了新的城市建设规划，西关骑楼拔地而起。与长堤和北京路的骑楼街不一样，西关骑楼依水而建、依路而兴，以环形居多，更古典雍容，不仅折射了广州水城特色，还体现了当时中西结合、兼容开放的文化特征：既有巴洛克风格的罗马柱、卷曲花纹等，也采用了中式清水砖材料、广式玻璃窗等，中西合璧，独具风格。民间工艺、岭南文化、美食老字号等聚集，构成了西关的民俗风情。行走其间，犹如触摸一段段羊城往事，是商业的味道，更是生活的气息。

“广州怀旧在西关，西关记忆在上下九。”“上下九”是上九路和下九路的习惯叫法，也叫上九甫和下九甫。二十世纪二三十年代，上下九开始兴建骑楼，狭窄的街道也被扩筑成宽17米的马路。百货业、饮食业、金银业纷纷进驻，众多老字号汇集，如南信双皮奶、皇上皇腊肠、百年饼家莲香楼、老牌粤菜陶陶居和广州酒家等，广州人最喜爱的美食都能在这里找到，把这里的商业推上了一个新台阶，愈显繁荣。

穿过上下九，进入恩宁路。恩宁路的骑楼并非最早建成，却被誉为“最美”，有“西关骑楼建筑的精髓”之称。1931年，恩宁路建成，东起宝华路，西北至多宝路与龙津西路，全长1115米。这条路自西向东由十一甫、恩宁东路、恩宁钟巷、恩宁北路和恩宁市扩建成路，并沿用“恩宁”作为路名。恩宁路建成后，骑楼也随之建起。

恩宁路骑楼的最美之处，在于广式玻璃窗。清代，东北的满洲窗传入岭南，而广州在当时又是全球经贸中心之一，西方的玻璃制造技术早早传到这里。广州人融会贯通，用彩色玻璃制造出具有独特美感的广式玻璃窗，先是用于西关大屋，后又在骑楼建筑中大量使用。二十世纪二三十年代，恩宁路是有名的粤剧之街，曾留下众多粤剧名伶的身影。这里还有李小龙祖居、八和会馆等传统风貌建筑数十处，还有广州第一家有“冷气开放”的电影院——金声电影院。这座电影院于1934年开业。在没有中央空调的年代，电影院制造冷气的方法并不复杂——利用鼓风机将冰块产生的冷气通过管道送进观众厅，就算大功告成。每到夏天，人们去金声电影院吹着冷气看电影，可以算是奢侈享受。据说，金声电影院放映的第一部电影是《爱丽丝梦游记》。

如今，这些历经岁月沧桑的西关骑楼，依旧是老广州最美的风景。在广州，也没有哪一条骑楼街像西关这样，把骑楼建筑、商业、文化与广州人的日常生活融合得如此紧密，谁也离不开谁。

骑楼“过江”　落地“河南”

谈及广州骑楼老街，很少有人能想到河南。其实，河南也藏有三条风格独特的骑楼老街，它们分别是同福路、南华路和洪德路。这些骑楼街组成了河南最早的商业区。

广州人口中的“河南”指的是珠江以南的地方。清代人口激增，河南四周环水，又近河北商业中心，许多富商纷纷在此兴建园林别墅，其中以十三行巨富潘氏和伍氏所建的潘家花园和万松园最为有名。至清末，在这一带建造的私家花园达数十处之多。如玉带般的漱珠涌流经此地，沿岸酒肆鳞次栉比，画艇多如过江之鲫。

20世纪20年代末，广州筑路建骑楼的行动“跨过”珠江，南华路、同福路、洪德路等主干道得以修筑，并依路建起骑楼。其中，南华路、同福路为东西走向，与珠江平行，而洪德路呈南北走向，将同福路、南华路和珠江串联。南华路有期盼“河南”“繁华发达”之意，同福路则因位于同福大街旁而得名。

新修的马路、新建的骑楼带旺了这一带的商业。有文献记载，这里最旺时有上千家商店，与隔岸城区相互映衬。商业繁荣，又吸引了粤籍华侨在此大兴土木，修建骑楼。

如今，同福西路261号有一栋钢筋混凝土结构的三层高骑楼，楼顶正中央的弧形山花上，“南达堂”三个字颇有气势。据记载，“南达堂”的主人早年在南洋打拼，功成名就后，衣锦还乡修建此楼；取名“南达”，有“在南洋发达”之意，简单的两个字意味深长，浓缩了那个时代的华侨在海外拼搏的艰辛。

∧ 上下九骑楼（陈忧子摄）

^ 广州特色骑楼（陈忧子摄）

骑楼保护活化绽放新生

第七章 · 第三节

在历史的岁月变迁中，曾经辉煌的骑楼建筑，逐渐退出历史舞台，被更为现代化的建筑所取代。不过，它所蕴含的文化价值却愈发珍贵。近年来，广州市积极保护、活化骑楼建筑，让这一座座古老建筑绽放新的生机。

2019年1月，广州市发布《广州市骑楼街保护利用规划》（以下简称《规划》），这是广州首个针对骑楼街保护的法定规划。《规划》首次明确了广州骑楼的“家底”，确定北京路等60条道路的全部或局部作为骑楼街规划范围，传统骑楼街总长度达26.5公里，涉及骑楼建筑总数多达3886栋。《规划》提出，要保护广州骑楼街“一环三带，四片十街”的传统格局。

一环：上九路、下九路、第十甫路、恩宁路、龙津西路、龙津中路、龙津东路、人民中路组成的西关骑楼环。

三带：恩宁路、上下九、大德路、大南路、文明路、东华路组成的综合功能发展带，人民路商贸发展带和北京路商业发展带。

四片：西关风情旅游区、长堤商贸文化休闲区、中轴商都文化核心区、海珠民俗风情区。

十街：海珠路、起义路、德政路、中山五路—中山六路、大新路、一德路—泰康路—万福路、珠光路、长堤大马路—八旗二马路、南华路、同福路。

永庆坊入选首批国家级旅游休闲街区

文化根脉被传承与保护的同时，老街巷也焕发出新的生命力，永庆坊就是其中的代表。深藏西关骑楼街的永庆坊，是首批国家级旅游休闲街区。

永庆坊位于恩宁路以北、多宝路以南、宝华路以西、龙津西路以东，是目前市区具有代表性的西关传统民俗风情街区。在微改造前，永庆坊叫作永庆大街。2015年，因建筑整体风貌保留完整、居民较少，永庆坊被确定为恩宁路微改造试点项目，这也是广州的第一个旧城微改造项目。

与大拆大建、快捷式打造旅游景点不同，永庆坊注重“新”“老”融合，原有的“三横五纵”街区格局得以保留，通过建筑材料物理诊断、修复与监测等前沿技术，历史建筑得以修旧如旧，在地建筑进行了修缮、整饰、活化。文创商店、咖啡店、手工艺品店、餐厅等时下年轻人喜爱的元素被融入进来，舞狮、广彩、广绣等众多非遗也在此“安居”。传统文化与现代气息相融，吸引了一拨又一拨年轻人，昔日沉寂的老街区焕发出勃勃生机。

2021年，中国建筑学会公布了2019—2020年建筑设计奖（我国建筑领域最高荣誉之一）评审结果，恩宁路永庆坊保护活化项目分别获得历史街区类三等奖、城市设计类一等奖。在永庆坊，找一个文创小店坐下，在咖啡香或茶香之间，抬头凝视青砖黛瓦，心灵一点点平静，思路也会一点点开阔。“绣花”功夫赢得大奖，当之无愧。

永庆坊的吸引力越来越大。据统计，2021年、2022年及2023年上半年，永庆坊的客流量分别约为700万人次、963万人次和675万人次。暑假期间，日均游客数量更是达六七万人次。

在西关，无论是恩宁路的骑楼群，还是龙津路附近的西关大屋，古香古色的岭南建筑中充满了新的业态，它们既是新的商业模式，更是广州文脉的传承。

恩宁路227号是一独栋古楼，旧式红砖和深色木门呈现出厚重的历史感，让人情不自禁停下脚步。沉浸在具有古典风情的钟书阁书店，用代表城市底蕴的象征性文化符号演绎了具有人文温度的现代生活。推开大门，镜框式书架、青灰色的华丽吊灯以及榻状摆书台映入眼帘。镜面地板反向倒映着书架，营造出华丽优雅的氛围，也展示出昔日广州中西交融的历史。阅读区铺着典雅的菱形拼花木地板以及广州特色的花砖，将南洋风情融入其间，不仅不显得突兀，反而有种浑然天成的契合。漫步在曲折幽邃的摆书台间，或是倚靠在深绿色皮质沙发上阅读，浮躁的心绪也能变得平静下来。

^ 恩宁路骑楼（廖雪明摄）

第八章 古有花地今有花城

文 — 刘幸 倪明 吴多 全杰

古有花地香自西汉，今有花城芬芳四季。

广州人种花、赏花、爱花的历史，始于西汉南越国时期，至今已有两千多年历史。今日芳村之花地，在唐宋年间是扼南北交通咽喉的外贸大港——大通港之所在，久而久之，一片片沼泽湿地被开垦成了 花田，花地之名，正由此而来。花田、花圩、花市、花梳、花饮、花馔……一个个诗意的名词，都在诉说着这座千年花城的动人往事。从花地到花城，如今的广州，花满全城，四季花香。沧海桑田两千载，花城依然长盛不衰，美在四季芬芳处。

花城故事始于南越

第八章·第一节

根据典籍记载，西汉名臣陆贾出使南越国时，所到之处，尽见鲜花盛放，南越国人不分男女老幼，个个头戴花饰，南越王赵佗的御苑，更是流水潺潺、花木扶疏，整座王城，暗香浮动。陆贾返回长安后，写下一部《南越行纪》，述说自己的南行见闻，也留下花城的最早记忆。

陆贾南行数百年后，竹林七贤之一嵇康的侄孙、西晋文学家嵇含出任广州刺史。广州花卉之多，草木之盛，让他大开眼界。惊讶之余，他开始创作《南方草木状》，为岭南诸多花卉作传。素馨、茉莉、鹤草、水蕉、朱槿……这些岭南先民日日亲近的花卉，在嵇含笔下都有了诗一样的美好容颜。广州“其华（花）竟岁。故妇女之首，四时未尝无华（花）也”，是嵇含对千年花城由衷的赞美。

花城故事，始自西汉，这是有考古学证据支持的史实。西汉南越王宫署遗址出土了约10万粒植物遗存，经考古学家鉴定，其中有荔枝、桃、梅、橄榄、人面子、枣等。10万粒植物遗存的发掘，为陆贾在《南越行纪》中记载的见闻提供了很好的旁证。另据史料记载，汉武帝平定南越国后，曾将多种岭南花木移植到长安宫苑，指甲花、山姜花、桂花、荔枝、龙眼、菖蒲、柑橘等赫然在列，南越王宫署遗址植物遗存的发现，也为这一记载提供了旁证。

另据史料记载，赵佗曾将一棵灿若烟霞的“烽火树”进贡到长安，多名学者提及这棵“烽火树”就是木棉。木棉生性喜暖，在长江以北很难生长，因此这株“烽火树”是否就是木棉，或可存疑；但从赵佗与西汉皇帝郑重其事的态度看，必是令人惊艳的岭南奇花，由此可见广州花卉之奇、之美。已有史籍与考古学证据证明，“花城故事，始于西汉”确是史实，之后的两千年，“花城故事”愈发灿烂美好。今天的广州人更有责任为它书写新的一页。

∧ 花城广州（陈忧子摄）

花地花市花城　行花街

第八章·第二节

花地

如今，行走在芳村，可以见到大量与花卉或花园有关的地名。花地河、花地湾、花地大道、花蕾路、浣花路、玉兰路、芙蓉路……处处体现出花乡特色。这些地名中，最负盛名的当然要数花地。

唐宋年间，广州花卉种植渐成气候。今日位于广州市西南端的芳村之花地，在唐宋年间是扼南北交通咽喉的外贸大港——大通港之所在（今荔湾区花地河附近），南来北往的商贾带来各地花种，舶来的花卉也多在这里“登岸”，久而久之，一片片沼泽湿地被开垦成了花田，花埭（埭指的便是围护花田的土堰）之名正由此而来。到了明清年间，这里的花田更是“绵延九里”，此地也因此称“芳村”，取“芳香”之意，花埭也改称“花地”。

清末，花地形成了大规模的花木培育基地与花卉贸易市场，涌现出几十家经营性园林和私家花园，如醉观园（后复建为今天的醉观公园）、留芳园、群芳园、纫香园、余香圃、评红园、新长春园、翠林园等八大名园，它们或是名人园林别墅，或是私人专门栽培盆景和花卉的名园，又或是种植阳桃、时花的果园。每逢节日，不少园林必摆（斗）“花局”，供人赏评，有些园主还邀集文人学士，吟诗作画，以助雅兴。

正月初七是“人日”，古时，广州人会在这一天成群结队去花地游览，俗称“游花地”。正月十五上元灯节（元宵节），节日氛围达到顶点，城中男女老少渡江来到姹紫嫣红的花地，尽情游玩，有“开春气佳，埭中裙屐最盛”之说。晚清诗人梁修的《花埭百花诗》就写于春节期间百花绽放的纫香园，其中一首《上元红》是这样写的：“采青人去太匆匆，忘却初花有意红。十里月明移绿舫，银筝声紧试灯风。”生动展现了花地上元灯节的热闹场面。

除了花地，河南（海珠区）还有花洲。明清时期，广州有两大著名的花田，芳村花地是其一，另一个就是河南庄头村。当时珠江南岸33个村庄，多半以种花为业，所谓“三十三村人不少，相逢多半是花农”，说的就是河南花田的壮观景象。

花市

有花田，便有花市。早在南宋年间，地理学家周去非《岭外代答·花木门》就记载了广州的素馨花市：“素馨花，番禺甚多，广右绝少，土人尤贵重。开时旋掇花头，装于他枝，或以竹丝贯之，卖于市，一枝二文，人竞买戴。”

古时广州最有名的花地花圩开在芳村观音庙前（今大策直街与联桂北街一带）。花地花圩始于明代，盛于清代，是当时广州最有名的花卉集散市场。天还没亮的时候，花农驾着小船，沿着纵横交错的河涌，把一筐筐鲜花与盆栽运到这里，花贩亦云集于此，大家在微曦的晨光中谈生意、拉家常，天光大亮后，花贩又驾着小艇，将贩来的鲜花运往各城门花市以及城内各处。

明清年间，广州的城门花市并非只有一个，而是七大城门口各有一个。屈大均著述《广东新语》中指出了花市所处位置："花市，在广州七门。"这七大城门分别是大东门（今中山路和越秀路的交界处）、小北门（今小北一带）、大北门（今大北一带）、西门（今西门口一带）、归德门（今濠畔街一带）、大南门（今北京路和大南路交界处）、定海门（今德政路与文明路交界处）。另一说法，是指清代广州城朝向珠水边的五仙门、靖海门、永清门、归德门、大南门、文明门、小南门等七门。这些城门花市都是常年开放的。在屈大均笔下，广州人卖素馨，不是一枝枝卖，而是一篮篮、一筐筐卖，每天光卖出的素馨就有几百担之多（一担为 50 千克）。人们进出城门，总有花香缭绕。广州花市规模大、影响远，因此与罗浮药市、东莞香市、廉州珠市并称"广东四市"。

至清后期，花市从城门口聚集到藩署（今北京路广东省财政厅至中山路交界处）前，形成"城中心花市"。

花城

时光荏苒，广州人爱花、赏花的习俗传承千年不变，那么，"花城"又是如何演化为广州之雅名的呢?

史料记载，"花城"这一名称最早出现于清代广州府管辖的花县，即今花都区。花县成立于清代（1686年），县城建于旧花山（今梯面镇）南面山下的平岭村，人们称其为“花县县城”或“花县城”。建县次年，有人将县城称为“花城”。《花县志·艺文志》录有黄士龙的《伏虎石歌（七古）》，内有“深山大壑狼豺穴，况复花城四面环嵯峨”之句，“花城”作为地名首见于文献。

那么，“花城”又是如何演化为广州之雅名的呢？原来，其中有文学大师秦牧的妙笔助力。1961年2月，文学大师秦牧写下散文《花城》，描写了广州除夕花市的盛况。他动情地写道：“看着繁花锦绣，赏着姹紫嫣红，想起这种一日之间广州忽然变成了一座‘花城’，几乎全城的人们都出来深夜赏花的情景，真是感到美妙。”

秦牧的夫人吴紫风也是著名作家，1978 年 3 月她写了散文《花城漫步》，把广州花市描写得多姿多彩，风情万种，她称广州是“无处不飞花”的世界。从此“花城”美名远扬。

从“花地”到“花城”，广州与花的缘分，持续千年，长盛不衰。

人潮涌动行花街

花潮人海喜洋洋，长街涌动庆良宵。

“年卅晚，行花街，迎春花放满街排，朵朵红花鲜，朵朵黄花大，千朵万朵睇唔晒（看不完）……”这首广为流传的童谣《行花街》形象地唱出了羊城最具特色的传统年俗——行花街过大年。“行花街”，即逛迎春花市，是广府地区春节前夕规模最大的一项传统民俗。多指每年农历腊月廿八至除夕夜之间的辞旧迎新、祈福贺岁活动。

粤语“花”和“发”同音，花开富贵，春节前买花渐渐成为一种习俗。正所谓“羊城世界本花花，更买鲜花度年华。除夕案头齐供奉，香风吹暖到人家”。仅有常年的花卉集市还不够，清同治、光绪年间，广州最热闹最有人气、影响最大的除夕花市已具雏形。

清朝晚期，藩署（今北京路财厅附近）一带是城区中心，商铺林立，城门花市逐渐移到了这里，藩署前花市也慢慢往南扩展至双门底（北京路大南路以北段）。清光绪十七年（1891年），广西巡抚张联桂到两广工作，其子张心泰一同前往，在《粤游小志》中记录了岁末双门底花市的盛景：“每届年暮，广州城内双门底，卖吊钟花与水仙花成市，如云如霞，大家小户，售供座几，以娱岁华。”著名学者梁鼎芬修撰的《番禺县续志》也以“岁除尤盛”来描述年宵花市的热闹。

1919年，广州拆城墙、辟马路，双门底大街扩宽为永汉路，沿街牌坊、庙宇全部被拆去，永汉路除夕花市便成为广州最早固定的年宵花市。与从前的花市有所不同，年宵花市只在过年前的几天摆卖，一般于农历腊月廿八开市，到除夕子夜结束。随着迎接大年初一到来的炮仗声在全城爆响，一年一度的迎春花市亦宣告结束。当时除夕花市的花档多搭架在马路两旁，中间行人“行花街”。无档花农花贩可随时携带花枝入场，站着兜售。

西关桨栏路除夕花市是当时最具代表性的中心花市。当时的桨栏路药业云集、钱庄林立，周边还有海味业、刺绣、纱绸、百货业等多个广州商业系统中的重量级行业。腊月廿八前后，各商家把店面装饰布置一番，在铺面或家里大摆花局，以花比美，除旧迎新。桨栏路花市因此后来居上，人气超过永汉路花市，年宵花市就摆设在整条桨栏路及与之相连的南端一段呈曲尺形的打铜街（今光复南路）上。

抗战时期，广州除夕花市仍未停歇。有“老广州”曾回忆，1938年的除夕，在敌机空袭警报声中，广州市民依然在淡定地挑选桃花。桃花有辟邪之意，也象征美好生活。早日驱逐侵略者，重归平安美好生活，成为那一年广州市民的期盼。

1949年后，广州花市迎来真正的繁华，原来民间自发的年宵花市逐步变为由政府举办的现代迎春花市。1950年，广州市政府在西关桨栏路举办花市，这是新中国成立后的第一个“除夕花市”。1951年，恢复永汉路年宵花市。1956年，永汉路花市正式迁至教育路、西湖路，此后再没变动地点。1958年，桨栏路花市迁到太平路（今人民南路），首次使用“迎春花市”的名字。

除夕，热闹景象达到高潮。有感于花市的美不胜收、热闹非凡，前来“行花街”的秦牧情不自禁，咏诗道：“银夜花街十里长，满城男女鬓衣香。人潮灯下浑如醉，争看春秾初上妆！”

1960年，广州市政府在东山公园（后迁往东川路）新增迎春花市，至此，广州城区形成四大花市：中心花市在教育路、西湖路、惠福东路，人气最旺，品种最多；西区花市在多宝路、逢源路；东区花市在庙前街东山公园、东较场、东川路间多次迁址；南区花市在滨江路、同福中路一带（1990年曾迁至江南西路）。

改革开放后，广州迎春花市越办越大。各区开始在本区中心区域最热闹的、交通又便利的地段相继增设除夕花市。黄埔港湾路、芳村陆居路、天河禺东西路等陆续设立花市。进入21世纪，迎春花市被打造成了广府文化名片，尤其是11个区都开设花市后，市民逛花街更方便了，逛花街成为广州春节最重要的年俗活动。

每当春节的脚步渐近，从越秀到海珠，从荔湾到天河，11区竞相出新出巧。通常情况下，各花市会在农历新年的前10天开始搭建牌楼和售花棚架。花市上搭起古色古香的牌楼，建起花架，各式彩灯装点，大红春联高悬，花农、花企纷纷涌来，十里长街，花棚橘摊绵延不绝，上千种繁花色彩斑斓，缤纷似锦；各种非遗也借台唱戏，粤剧悠扬不止……腊月廿八至除夕，家家户户“行花街”，华灯初上，流光溢彩，缤纷璀璨，浓郁的喜气弥漫开来，人们就能感受到浓浓的年味。穿过牌楼，踏入花的海洋，一场温馨喜庆的狂欢盛事正式开始。人们在花街上尽情地感受着“行”的浪漫、“挤”的热闹，买回“好意头”的花卉迎接新年，以“行花街”的方式笃定平和地表达着对生活的热爱，对幸福的企盼，祈求春回大地、国泰民安。

2021年，广州“春节（行花街）”成为第五批国家级非物质文化遗产，“广州过年花城看花”成了城市文化品牌。

^ 广州花市（苏俊杰摄）

漂洋过海 香满『海丝路』

第八章·第三节

广州，扬帆通海两千年；广州的鲜花，同样漂洋过海两千年。

丝绸、茶叶、瓷器乃至香料是海外贸易的“硬通货”，但持续两千年的“海丝”路其实还是一条海上鲜花之路，来自异域的奇花异草，借由这条“丝路”漂洋过海，来到广州芬芳吐艳；岭南本土的花卉，也在这条“丝路”沿线处处留下倩影芳踪。

说起漂洋过海而来的异域花卉，最有名的莫过于素馨。早在两千年前南越国时期，来自海外的素馨就登陆广州，并在河南庄头村一带开始种植。如今，庄头村早已没有花田，因素馨花而得名的历史遗物，就是花的集散地“花渡头”——位于海珠桥河南桥脚以西约100米处的古渡头。每天晨光初现，花农挑花担集结于渡头，等待船艇载运到河北闹市区出售。屈大均《广东新语》也有这样的记载：“广州花贩，每日分载素馨至城，从此上舟，故名‘花渡头’。”20世纪80年代中期，政府在此立一古朴典雅的仿红米石牌坊，横额刻“花洲古渡”；到了90年代，因建设需要，“花洲古渡”牌坊迁至晓港公园。

素馨花白如雪，四瓣外开，冬夏均开花，花朵中含有一种挥发得很慢但又浓烈的香气。彼时，花农一早采摘，从花渡头通过水路运输至广州城，卖给广州城中的爱花之人。

舶来奇花不止素馨，指甲花、水仙、郁金、睡莲等人们熟悉的花卉，都有一段“花从海上来”的旅程；故而，在唐代诗人笔下，广州已是“海花蛮草连冬有，行处无家不满园”的花城；到了宋代诗人笔下，这里又是“石有群星象，花多外国名”的风情之都。至于到了明清，号称“无花不识”的江南才子沈复在《浮生六记》里感叹，到访广州花地，他才发现自己只识得六七成，还有一些花的名字压根叫不上来。“花田一片光如雪，照见卖花人过河”是这座千年花城最引以为傲的诗意，也是“海上丝路”的最美馈赠。

早在唐代典籍中，岭南已有桂花、白藤花、紫水蕉等多种花卉定期进贡朝廷，有案可稽的本土花卉更有月季、刺桐花、朱槿花、山茶花、木棉花、辛夷花、海棠花、石榴花等数十种，没有被记入典籍的，就更不可数了。产自岭南的本土花卉也借由“海上丝路”香飘世界。远航而来的外商，启程时，携来他们故乡的花种，种在庭院里，慰藉乡愁；返航时，就带上广州的花种，回家精心栽培，与亲朋好友一起看它们开花结果，又多一份喜悦。

明清之前，这一部“花香熏润海丝路”的传奇，还只能零零星星见于地方志等文献中；明清之后，这方面的史料就越来越多了。随着中外贸易的发展，国家与国家之间的花卉引种更为频繁，尤其是在清代，茶花、月季、杜鹃等花种相继传至欧美各国，以至短短三百年间，培育出了成千上万个当代花卉品种，其中尤以中国的古老月季影响力最大，它们被引种到海外后，经过精心栽培，化身为多种鲜艳欲滴的玫瑰，成为风行全球的爱情之花。

“花地苗圃”在园艺史上被世界园艺界视为“圣地”——由古代园艺家培育数千年的名贵花卉，包括月季、杜鹃、山茶和牡丹等，都是从花地流向海外的。

^ 清代通草水彩行商园林图（百花亭）（广州十三行博物馆藏）

爱花之城　四季都是赏花时

第八章·第四节

都说“人间四月芳菲尽”，但在广州，春有宫粉紫荆、木棉、桃花、樱花和杜鹃；夏有凤凰木、荷花、油桐；秋冬有美丽异木棉、梅花、红叶……可谓四季草木常青、繁花不败。

爱花已成为广州人日常生活的一部分。楼房的阳台、小院的花圃，不经意间就是一幅最美的人间四月天画卷。广州人的生活少不了花的点缀。几乎每个菜市场里、每条马路上都有花店和花档。花档的生意一点也不比花店差，鲜花就随意地插在大大的塑料桶里，看上哪枝抽出哪枝。买完菜再买花的人真心不少，搭配好一把鲜花，塞进菜篮，一起提回家。到家后把看上去并不“高大上”的鲜花插进花瓶，摆放上桌，满屋生辉，勃勃生机弥漫在空气中，让人的心情也多了几分欢喜。在广州，鲜花就和蔬菜一样是生活的一部分。

广州地处珠江三角洲，濒临南海，北回归线横穿广州北部，具备温暖湿润、光热充足、夏季长、霜期短等适合花木生长的气候特征。近年来，广州新种植数十万株开花乔木，形成上百个赏花点，四季鲜花次第开，春夏秋冬不同景，“花城”之美更上一层楼。在城市园丁的呵护下，广州的寻常巷陌变得花团锦簇。让市民游客既可感受花城无处不飞花的城市底色，又能品味“四时之花不同，而乐亦无穷也”的趣味。

每到初春，陵园西路的木棉花就开了，树树浓烈似火，十分壮观。除了陵园西路，木棉花在大街小巷与公园里都有分布。

从二月底或三月初开始，人民北路看紫荆，千树万树繁花开。每到花季，从人民北路走过，人也成了风景。

三月天，临江大道观“风铃”。临江大道上黄花风铃木枝头挂满金黄色的花朵，是当月的“花仙子”。

四月可赏蓝花楹，黄埔大道、机场高速、中信西关海、二沙岛星海音乐厅、美术馆附近都种植了灿烂的蓝花楹。

五月的广州是凤凰花的天下。据不完全统计，全市共有凤凰木2.5万余株，在白云大道、广州大道南等地较为集中。

六月赏荷花，七月赏紫薇，八月赏向日葵，九月赏玫瑰。到了金秋十月，异木棉成了花城的主角。原本被誉为华南师范大学“校园花”的异木棉走出校门，与市民更加亲近。

冬天的广州依然郁郁葱葱、花团锦簇。客村立交、东晓南立交、执信南人行天桥、盘福路立交桥……开满簕杜鹃（又名三角梅）的立交桥和人行天桥，是秋冬最热烈的风景。

花城之花，开在所有人心头。

^ 广州木棉花开满城红（骆昌威摄）

^ 海珠湖花海（杨耀烨摄）

第九章 九声六调说粤语

文—张忠安　文字设计—王斌

九声六调说粤语，盏鬼生猛两千年。

粤语又称“粤方言”“白话”“广州话”“广府话”，是我国汉语七大方言之一，外地人称“广东话”。粤语是广府人的母语，也是广府文化最重要的基因和最具特色的符号，广泛流行于粤港澳大湾区、粤西、粤北、桂东南，以及东南亚、大洋洲、美洲等的华人华侨社区。目前，全球使用粤语的人数超过1.2亿，其中两广与港澳地区约占1亿。虽然各地口音词汇有所差别，但约定俗成以广州音为标准音。

粤语历史悠久，有古汉语“活化石”之称，多元、兼容、开放、新颖，既古老雅致，又生猛新潮，不仅记录了岭南社会发展、演变的历史以及广府人的思维方式和行为方式，还是今天粤港澳大湾区以及海内外广府人共同的情感纽带。

谂

nam^{2}

· 释义：想。

· 用法：谂法子（想办法）、谂嚟谂去（想来想去）

粤语是广府人的母语，起源众说纷纭，但大多数广府文化学者认为，粤语是在南北、中外文化融合中形成的岭南方言，形成于秦汉，成熟于唐宋，明清以来得到进一步发展。

粤语“睇”字始于先秦楚人

“既含睇兮又宜笑，子慕予兮善窈窕。”两千多年前，楚人屈原在《九歌》中，将一位多情的山鬼（山神）刻画得惟妙惟肖。诗歌中的“睇”，就是“斜看”“含情注视”的意思。几千年后，楚语“睇”字竟成了现代粤语里的常用字。古时候，岭南与楚地（包含今湖南、湖北）相邻，先秦时期，已经有楚人南下，楚方言随之传入广东地区。公元前401年，楚悼王平定百越，楚文化继续南下，广州城也有了“楚庭”之称。中山大学教授司徒尚纪称，现代粤语中，除了睇（看）之外，咁（这样）、儿嬉（不认真）等词语都源自楚方言。

不过，粤语形成的公认转折点，是在秦始皇统一岭南之时。公元前214年，秦平岭南，十几万中原人南迁，带来北方官话雅言。赵佗建立南越国后，以和为贵，鼓励中原人与越人通婚，文化不断融合，土著语言吸收中原雅言，粤语渐有雏形。

魏晋南北朝时期，中原地区战乱不断。为躲避战乱，很多地方整个家族、整个村庄的人，在“太公”（族长、里正）的带领下，扶老携幼，长途跋涉南下。今天广府地区“太公分猪肉”习俗中的“太公”之名就源于此时。南下徙民与本地人杂糅而居，语言相互影响，粤语方言逐渐“长大成人”。直到今天，在粤语方言里还能找到晋代印记。今天，广州人把阳桃（五敛子）的“棱”叫“敛”，与晋代嵇含在《南方草木状》里的记载一致。嵇含写道：“五敛子，大如木瓜，黄色，皮肉脆软，味极酸，上有五棱，如刻出。南人呼棱为敛，故以为名。”

唐宋时期，广州是海上丝绸之路的大港之一，对外商贸、文化交往更为频繁，特别是唐代张九龄开凿大庾岭道后，中原汉语随着大规模移民的脚步深入珠江三角洲地区。许多名臣、仕宦、大儒、学者也南下而来，在南粤设立书院、兴办教育，带来规范的汉语体系。粤语日渐成熟，与中原汉语一样有了语音、词汇和语法结构。清代岭南大儒陈澧认为，清代粤语与隋唐中原话类似，“今之广音，实隋唐时中原之音”。古汉语音韵学家李新魁在《广东的方言》一书中说，唐宋时期的粤方言与今天的粤语相去无几。

宋代以后，粤语基本定型，与中原汉语的差距越来越大，明代中原人已经听不懂粤语了。明清之后，除了吸收了本地部分少数民族方言和外来词之外，粤语的变化较小。

king1 倾

gai2 偈

广州音被公认为粤语标准音

现代粤语广泛通行于今粤港澳大湾区、粤西、粤北、桂东南、海南等地区，以及东南亚、大洋洲、美洲等地的华人华侨社区。各地口音有所差别，仅广东省内，就有广府、四邑、两阳和粤西四大区域。不过，人们约定俗成，以广州话（广府话）为粤语标准音，大多粤语字典也以广州话为准。

广州音又有东山口音、西关口音、西村口音和番禺口音等之分，其中，以西关口音和东山口音为重。历史上，广州城内多为官府驻地，方言以东山口音为主。流行于城西门外的西关口音，最初只是城郊乡音。明清时期，广州西关成为繁盛的商业区，人口聚集。据宣统《南海县志》记载，西关地区有1700多条街道、4000多个门牌。彼时的西关，有街有市，非常繁荣。名流富商在西关一带兴建豪门大宅，从早期的磊园到后来的海山仙馆，再到西关大屋、骑楼，规模庞大、建筑精美，至今仍很气派。居住于此的人，非富则贵。他们所操的西关口音还常夹杂外语词汇，很是时髦，被时人所模仿。

清代中期，广州“一口通商”，全球商人慕名而来。外国商人来中国，首先接触的中国话就是粤语。后来，传教士出版了最早期的“粤英词典”，帮助更多外国人学习粤语。

这一时期，大量广府人迁移到美洲、澳大利亚和东南亚等地，他们带出去的语言自然是广州话。西关口音也在多地留下印记。在清末民初的越南南部地区，不少当地人操一口标准的广州西关口音。今天，英语单词“yum cha”就是粤语“饮茶”的发音；“dim sum”则来源于粤语中的“点心”一词。粤语还现身于一些外国电影，在《变形金刚4》里，演员李冰冰一句“有没有搞错啊”，老广听来，十分亲切。

gaau^2
搞
dim^6
掂

咩

me[1]

· 释义：语气词，吗，多用于反问。

· 用法：你重唔知道咩？（你还不知道吗？）

在广府人心中，粤语不仅是母语，还承载着迷人的本地文化。粤语婉转，有人说是因为从小听到大，也有人说是因为它九声六调，自带旋律；还有人说，它古老、多元、兼容、新颖，是广府社会发展、广府人思维和行为方式的真实写照。

古汉语“活化石”

一个雨过天晴的午后，来自四川的王女士漫步在广州西关永庆坊，耳畔突然飘来一句“畀我睇下”，让她顿感既熟悉又陌生。作为一名语言学者，王女士知道，老广口中的“畀”就是“给”的意思，“畀”这个字极其古老，她曾在甲骨文中见过；同时，“畀”字又极富生命力，在古代典籍中俯拾即是。她没想到的是，这个在现代汉语中几乎已经“无用”的古老汉字，还被广东人天天挂在嘴边，读音和意义都未曾改变。

一个“畀”字，让粤语变得古香古色。古老雅致，正是粤语之美。有北方人第一次接触粤语，虽然听不懂，却有一种清风拂面的感觉。这种欣喜就来自粤语的古香古色。粤语作为古汉语的活化石，在语音、词汇、语法上保留了大量古汉语的痕迹。广府人见面常说“几时得闲嚟坐下？”“有几多人？”意思是“什么时候有空来坐坐？”“有多少人？”其中，“几时”“得闲”“几多”都是古汉语中的词汇，宋代苏东坡有“明月几时有”“因病得闲殊不恶”之句，南唐后主李煜则有“问君能有几多愁”之感慨。这样的古词，老广信手拈来：吃叫作“食”，喝叫作“饮”，走叫作“行”，跑叫作“走”，像叫作“似”，穿叫作“着”，脱叫作“除”，衣服叫作“衫”……不胜枚举。

沿袭了古汉语的句法，粤语有一种独特的味道。十多年前，一位广州人到北方读大学，有一次上课忘了带笔，于是跟来自大西北的同桌说：“借支笔给我。”同桌一脸严肃地纠正说：“你应该说‘借我一支笔’。”这位西北同桌不知道，粤语的特色之一，就是习惯用倒装句，把“公鸡”说成“鸡公”，把“先走”说成“走先”，把“要紧”呼作“紧要”。这种表达，一般只有在文言文或古诗词中才能见到。这些古老的词汇在千百年的文化融合中，衍生出丰富的俗语、歇后语、俚语，传统与新锐，典雅与时髦交相辉映，雅俗共赏，鲜活得很。

老广对故乡的眷恋，在于粤菜、靓汤以及家乡之美，也在于令人着迷的粤语。人们围坐在老西关的古街巷里，“若如”“几何”“优哉游哉”等词汇常挂在嘴边，一语三顿，声情并茂，构成了一幅幅充盈人间烟火气、最抚凡人心的美好画卷。

wai1
威
soey2
水

dim⁶

gwo³

luk⁷

dze³

^ 掂过碌蔗：指事业成功，飞黄腾达

lou¹

mat⁷

dou¹

dim⁶

^ 捞乜都掂：指做任何事情都可以顺利完成

九声六调抑扬顿挫

全国的大街小巷，常有哼唱着粤语歌的年轻人走过，很多人心中都有一首随口就能哼出的粤语金曲。有人说，粤语歌好听，在于曲调优美。广府人则会补充说，粤语好听，更在于九声六调抑扬顿挫、情感丰富。

九声六调也就是九种发声、六种调值，九声分别是阴平、阴上、阴去、阳平、阳上、阳去、阴入、中入、阳入。因阴平和阴入调值相等，阴去和中入调值相等，阳去和阳入调值相等，实际上只有六个基本调值。声调是汉语中极重要的元素，粤语的声调多，音域宽广，感情丰富。古代诗词的平仄格律就是依据不同的声调而定的，声调越多，就越有抑扬顿挫的旋律美感。

九声中，最独特的是入声。古汉语有平、上、去、入四声，入声在北方已经“入派三声”了，但被全套保留在粤语中，发音短促、以爆破音结尾，铿锵有力，情感丰富。入声的缺失，对日常交流并没有多少影响，但古人写诗作词，非常注重平仄格律，尤其是押韵用字，都要根据所要表达的感情而定，非常讲究。唐代诗人柳宗元的名诗《江雪》：“千山鸟飞绝，万径人踪灭。孤舟蓑笠翁，独钓寒江雪。”“绝”“灭”“雪”三字都是入声，短促有力，作者的幽愤不言自明。岳飞的《满江红》、柳永的《雨霖铃》、曹植的《七步诗》等，都是押入声韵，更能抒发作者的情感。

正因为全套保留了入声，粤语更易让人产生共情。道光年间，广府人招子庸汇编的《粤讴》（也作《越讴》），以粤地方言谱词，演唱者多为花艇珠娘或曲巷瞽师，他们轻歌曼唱，委婉哀恸，感动了无数人。著名的文学史家郑振铎称赞说："好语如珠，即不懂粤语者，也为之神移。"19世纪末，英国人金文泰在广州听到《粤讴》，仿佛听到古希伯来的情歌。他迫不及待地将《粤讴》翻译成英文，改名《粤语情歌》（也译为《广州情歌》等）。中山大学教授叶春生曾评价说，《粤讴》的艺术成就，很大程度上依赖于语言艺术，通俗、生动、明了，富于表现力和乡土色彩，正所谓："话须通俗方传远，语必关风始动人。"

水样风情蕴于言语

粤语不仅通俗，还彰显了本地风情。珠江三角洲河网纵横交错，且与大海相通，素有"三江入粤，八门出海"之称。水不仅滋润了广府人的生命，也培育了广府人的思维方式。他们平常说话，几乎"三句不离水"。

在老广眼中，水就是生活，就是财富。100块钱，在粤语里被称作"一旧水"，付钱叫作"磅水"；警醒机灵则谓之"醒水"；"心水"意为心思，引申为喜欢……如是种种，不一而足。

最令外地人摸不着头脑的，或许是"水脚"一词。"员工返屋企过年，老细都会畀啲水脚”，外地人乍一听，肯定有点晕头转向。其实，这句话的意思是：员工们回家过年，老板会给路费。“水脚”怎么与“路费”是同一个意思呢？原来，在粤语中，水脚也有码头的意思，至今荔湾区十八甫一带还有四甫水脚、六甫水脚、七甫水脚等街巷名。据史料记载，今人民路与第一津、光复路之间，曾是广州城西护城河西濠，这些“水脚”便是与之相连的河涌小码头。曾几何时，河、海就是广府人脚下的“路”，广府人用“水脚”一词来泛指路费，再贴切不过了。

珠三角濒临海洋，鱼、虾、蟹等水产品丰富，由此引申出许多生动有趣的比喻。在粤语中，冒失的人被称为“失魂鱼”，粗心大意的人被称为“大头虾”。既然以水为美，“干”字自然就不大讨人喜欢了。广府人聚会，干杯叫“饮胜”；点菜时，猪肝叫“猪润”，就连菜市场里的干鱿鱼，也写着“土鱿”，“土”字把“干”字给倒了过来。

广府人非常讲究好意头。过年发红包叫作“派利是”，空置的房屋叫作“吉屋”，寓意吉利、吉祥，避掉一个“空”字，所以，广州房产中介门口常有“吉屋租售”的字样。在菜市场，丝瓜叫“胜瓜”，因“丝”与“输”谐音，肯定要避开。广州人过年吃饭要有鸡和生菜，鸡寓意“吉”，生菜寓意“生财”。李新魁曾说，广府地区特定的海洋文化背景，造就了广府人开拓、创新、务实、重商的理念，也使得广府人喜好以“水”“海”为比喻的构词方式，处处好意头，才有了许多生动活泼、特色鲜明、诙谐有趣的方言俗语。

中西合璧外来词多

每天早上，广州人彼此见面，“早晨”一词总不离口。普通话中，“早晨”是指从天亮到八九点钟的一段时间，但粤语中的“早晨”是一句问候语——“早上好”。“早晨”一词何以能表达问候？这就是粤语的外来词之美。广州地处南海之滨，毗邻港澳，海外贸易、中西文化交往长盛不衰。17—18世纪，西方人纷纷在广州设立商馆。广州人套用汉语语法、发音学习英语，诞生了风靡一时的“广州英语”。当时，广州人多在早上出门做生意，见到外国商人，就以“Good morning”寒暄，用当时的“广州英语”直译，就是“好早晨”。工作时的礼貌用语渐成习惯，融入生活，“好早晨”被简化为“早晨”。“早晨”一词就这样成了岭南文化开放多元、中西合璧的见证。

唐宋时期，大量阿拉伯人来到广州从事商贸活动，在粤语中留下许多阿拉伯语元素。今天，粤语中的冧（好）、罅（缝隙）、冚（盖）等词语都源于阿拉伯语的音译。

明清以来，广府地区是外国商人、传教士登陆中国的第一站，英语词汇逐渐融入粤语。摩登（modern）、模特（model）、马达（motor）等便是英语的音译。粤语中夹杂英语，成了普遍现象。如今，这些外来词语已经融入城市肌理，彰显着广府人海纳百川、不拘一格的襟怀。

粤语之情

喺

hai^{2}

· 释义：在；从。

· 用法：喺屋企（在家里）、喺度（在这里）

位于珠江口的广州、香港、澳门，是三座世界名城。几千年来，三地始终连为一体，居民都以粤语为本土方言，同声同气。有学者说，粤语不仅保留了大量古汉语的成分，也是少有的经历了现代化的方言。粤语的现代化，得益于港澳地区衍生出的大量新鲜粤语词汇。这些新词又伴随着盛极一时的流行音乐、影视作品等进入内地，影响深远。如今，粤语中独具特色的词汇、俗语，不仅是广府人思维、审美、民俗、民生的反映，也是当今粤港澳大湾区以及海内外广府人共同的精神纽带。

粤语“北上”风靡全国

今年86岁高龄的郝先生是土生土长的广州人，至今还记得第一次去香港走亲戚时的情景。那时他才20岁出头，去酒楼吃饭，点完菜后，亲戚随口说了一句“走青”。“当时我不知道是啥意思，一问才知，就是免放葱花的意思。”葱花是粤菜师傅最喜欢的佐料之一，如果食客不习惯葱花，就要提前跟服务生打招呼。在香港，一句“走青”，新颖又别致。

港澳文化繁荣，衍生出许多粤语新词，有音译词，也有意译词，华洋杂糅，活泼多元。1974年，香港无线电视（TVB）将小说《啼笑因缘》拍摄成25集电视连续剧，同名主题曲由当时红遍乐坛的粤语歌手仙杜拉演唱，调式为七声雅乐宫调式，旋律温柔舒缓，很快就打破当时香港乐迷只听英文歌曲的习惯。之后，粤语歌日渐盛行，并借着改革开放的春风北上广州。20世纪70年代末，广州东方宾馆办起了第一个音乐茶座，大获成功。随后，音乐茶座如雨后春笋般冒起，一批创作、演唱粤语歌曲的音乐艺人成长了起来。一时间，时代的风起云涌，个人的悲欢离合，在词曲人手中化为一阕阕乐章，或洋溢着家国情怀，振奋人心，或充盈着儿女情长，婉转悠扬。粤语歌逐渐在全国流行，粤语也随着这些经典歌曲一路“北上”。

广州是改革开放的前沿阵地，创造了许多引领时代潮流的新鲜经验，展现了广州人的开放意识、改革意识、市场意识和实践意识。这一切也在语言中体现了出来。粤语中多了不少反映广州、珠三角以及港澳地区经济社会发展的新词。人们常说，不懂得饮“头啖汤”的，不是广州人。其中，“头啖汤”一词，本义是第一口汤，为广州人的饮食术语，寓意先行一步。二十世纪七八十年代，广州人先饮创业致富“头啖汤”，尝试学生餐的容志仁、做太爷鸡的高德良、办童装的陈兴昌、开酒店的温万年等，是全国最早的一批个体户，也是最早的一批“万元户”，带动了整个珠三角地区的人勇饮“头啖汤”，涌现出“养鸡大王”“孔雀大王”“兰花大王”“饲料大王”等创业者。

随着生机勃勃的新生事物出现，粤语中涌现出“打的”“搞掂”“有料”“T恤”“头啖汤”“生猛”等一批反映新事物、新潮流、新观念的词语，并在全国广为流传。最新版的《现代汉语词典》就收录了不少新鲜的粤语词汇。

粤语文化薪火相传

近年来，粤语文化更加精彩纷呈。广州话字典、粤语说书、粤语相声、粤剧粤曲、广府话大赛等文化传承项目和活动层出不穷，特别是粤港澳三地不断出新招，令粤语文化薪火相传，绵延不息。

20世纪90年代，暨南大学中文系教授詹伯慧召集了粤港澳三地专家担当审音委员，着手策划编撰《广州话正音字典》。摆到桌面上等待审订的粤语字音有好几千个。粤语泰斗们一丝不苟，直抒己见，常常因一个字的读音争得面红耳赤，讨论一两个小时方有结果。经过十几年的共同努力，《广州话正音字典》终于在2002年出版。编写方言正音字典，在汉语方言学界和辞书学界皆属首创，被誉为粤语文化的基础性工程。它既有粤语古香古色的魅力，又吸收了时代的新元素，如今，很多粤语教学活动都会参考这部著作。

《广州话正音字典》出版3年后，61岁的颜志图在文化公园重开“羊城讲古坛”，用地道的广州口音，将一本长篇小说绘声绘色地道来。这位“粤语讲古”非遗代表性传承人的身边还聚集了一群年轻人，“80后”彭嘉志就是其中的一位。彭嘉志从小就爱听粤语故事，对昔日的生活场景充满好奇。出于对历史文化和粤语的热爱，早在2003年，他就拜颜志图为师，踏入了粤语讲古这个行当，一说就是21年。如今，每周的工作日，一到上午10点，彭嘉志就会准时出现在文化公园奕苑里的“羊城讲古坛”，声情并茂地为街坊奉上一场粤语艺术盛宴。他身边还有“00后”邹游曦、“10后”周文曦等一群“后生仔”。“后生仔”们也纷纷登台，传承粤语讲古艺术。邹游曦希望通过讲古说书，让更多人爱上粤语；黄炫衡最喜欢粤语的九声六调；乐美谦则陶醉于粤语古音古义的优雅中。周文曦曾说，他的很多同学都不懂粤语，他希望通过粤语讲古，让更多的人喜欢上粤语。

从颜志图到彭嘉志，再到邹游曦、周文曦，三代人倾心倾力，粤语文化的传承生生不息。

在图书馆、校园、剧院以及竞赛场上，粤语传承也有声有色。“沙湾飘色，雨水滴滴，担定凳仔睇飘色”，在广州番禺沙湾育才幼儿园，一首首经典粤语儿歌、童谣，由孩子们稚嫩的声音唱来，格外动听。幼儿园会定期举行粤语童谣活动，在演绎经典的同时播下粤语文化的种子。

在抑扬顿挫的音韵中，粤语被一代代人不断传承发扬，中华文化生命力绵延不绝。

sai1 犀 lei6 利

“广式”祝福语

- 龙精虎猛：形容人生气勃勃、生龙活虎
- 盆满钵满：形容赚的钱很多
- 风生水起：形容事业或生意红红火火

日常用语

- 唔该晒：感谢
- 好挂住你：很想你
- 今晚想食咩：今晚想吃什么
- 件衫几钱：这件衣服多少钱

外来词

- 的士：出租车
- 士多：小商店
- 士多啤梨：草莓
- 冧巴：数字

俚语

- 吹水：聊天
- 有情饮水饱：形容两个人感情好
- 糖黐豆：比喻两个人形影不离
- 盏鬼：十分有趣、可爱、无比生动的人和事

歇后语

- 十月芥菜——起心
- 湿水棉花——冇得弹
- 波罗鸡——靠黐
- 扭纹柴——难搞

好意头

- 派利是：发红包
- 饮胜：干杯
- 胜瓜：丝瓜
- 生菜：生财

第十章 羊城八景古城印记

文—张忠安 陈薇薇

羊城八景历经变迁，映现古城美丽印记。

广州山水之美，自古让人心仪。自宋代开始，广州就有评选“羊城八景”的传统，历经元、明、清各代，沿袭至今。羊城八景，用八组富有诗情画意的景观，生动记录了一座城市的沧海桑田和成长轨迹。

历代羊城八景，虽选取点有所不同，但总体上是围绕白云山系和珠江水系，由远到近、从远郊到近郊到城内，再到遍布全城。从羊城八景的变迁中不仅可以领略不同时代的云山珠水格局和岭南人文风情，还能清晰地看到广州的社会发展和城市面貌改变。

如果把历代羊城八景串联起来，就像一本教科书、一座博物馆，讲述着广州在本土文化和中原文化、农耕文化和海洋文化的融合中逐渐形成的独具岭南特色的开放、包容、务实、创新的城市精神。

宋代 以水为美

第十章·第一节

杨峻《海山晓霁》局部［现代绘《历代羊城八景·宋代卷》，广州艺术博物院（广州美术馆）藏］

宋代羊城八景：

扶胥浴日、石门返照、海山晓霁、珠江秋月、

菊湖云影、蒲涧濂泉、光孝菩提、大通烟雨

“扶胥浴日”居八景之首

宋代，广州社会发展、人口增加，官方修筑了子城、东城和西城，史称“宋三城”。不过，那个年代，城内的人文景点不多，人们便舍近求远去赏景。宋代羊城八景的分布，东到扶胥，北抵石门，且多以“水之美”为特色。

宋代羊城八景第一景“扶胥浴日”位于今天黄埔庙头村南海神庙内。根据地理学家考证，当时珠江宽约1100米，有“大海”之称。人们清晨登上浴日亭，待红霞初现时，但见万顷碧波顿染金光，红日从海上冉冉升起，有一半仍沉在大海之中，故称“扶胥浴日”。

广州海事博物馆馆藏史料显示，北宋绍圣元年（1094年），苏东坡被贬至岭南惠州途中，慕名前往南海神庙游览。他在这里挥毫写下《浴日亭（在南海庙前）》一诗：“剑气峥嵘夜插天，瑞光明灭到黄湾。坐看旸谷浮金晕，遥想钱塘涌雪山。已觉苍凉苏病骨，更烦沆瀣洗衰颜。忽惊鸟动行人起，飞上千峰紫翠间。”此诗一出，浴日亭声名远扬，后人将该诗刻成石碑立于亭中，许多文人墨客慕名而来，留下不少与苏东坡唱和的诗词。

在浴日亭苏东坡诗碑的背面，还有一块石碑，刻有明代思想家陈献章所作的《浴日亭次东坡韵》。根据陈鸿钧的研究，

与苏东坡这首诗唱和的诗文不下百余首。“苏东坡是大文豪，写过的诗非常多，但像《浴日亭（在南海庙前）》有这么多人唱和的，实属罕见。”

八景多为“水之美”

宋代羊城八景中，除“扶胥浴日”外，“石门返照”“海山晓霁”和“珠江秋月”也与珠江有关。

“石门返照”位于白鹅潭西行7.5公里处的石井小北江与流溪河汇合处，过去这里是南北交通的要冲。相传，那时石门江面在日落时分常有广州城的幻影，往来车马亦隐约可见。所以，宋朝时期，在广州城外就可见到“海市蜃楼”的美景。

“海山晓霁”位于今北京路一带。据史料记载，宋嘉祐年间，官方在镇南门外江边建起海山楼。在海山楼上不仅能欣赏珠江美景，还可以窥探广州海上贸易的繁荣。可惜海山楼在元代被毁，“海山晓霁”的美景只留存在历史文献中。

宋代羊城八景的另外四景中，“菊湖云影”位于现小北路大石街、小石街一带，当时湖水如镜，云彩映入，故名“菊湖云影”。明代城市扩展，菊湖干涸，被辟为居民用地。“蒲涧濂泉”在今白云山滴水岩景区；“大通烟雨”在今花地滘口大通寺，宋、元两代都入选羊城八景，不过，如今景色难寻，只有大通寺和通津街等地名记录了这段记忆。

“光孝菩提”古时在广州城西北角，原为南越王赵佗五世孙故宅，后宅改寺，寺内菩提最为有名，至今保存完好，游人不断。

∧ 姚涯屏《大通烟雨》[现代绘《历代羊城八景·宋代卷》，广州艺术博物院（广州美术馆）藏]

大通煙雨
甲午秋日
涯屏製於
隔溪山館

第十章·第二节

元代 青山悦目

廖华才《白云晚望》局部 [现代绘《历代羊城八景·元代卷》，广州艺术博物院（广州美术馆）藏]

元代羊城八景：

扶胥浴日、石门返照、大通烟雨、蒲涧濂泉、

粤台秋月、景泰僧归、白云晚望、灵洲鳌负

城外青山入“八景”

元代羊城八景中，每一景都距离城区遥远，城内竟没有一景。八景中，“扶胥浴日”“石门返照”“大通烟雨”“蒲涧濂泉”四景都与水有关。新增的四景——“粤台秋月”“景泰僧归”“白云晚望”“灵洲鳌负”则替换了宋代的“海山晓霁”“珠江秋月”“菊湖云影”和“光孝菩提”。新景中，除“灵洲鳌负”外，其余都在白云山系，分别是白云山上的“景泰僧归”“白云晚望”和越秀山上的“粤台秋月”。这说明“云山珠水”格局开始深入人心。

“扶胥浴日”延续宋代盛景

元代的八景中保留了宋代的四景，说明元代广州城市发展程度与宋代相差不大。两代“八景”的共同特点是大部分分布在城外，绝大多数景点集中于白云山、越秀山和珠江。当时，白云山已被开发，越秀山也成为风景区，城内反而无一景。有历史学者认为，这可能是因为光孝寺在战乱中遭到破坏所致。

在保留的四景中，“扶胥浴日”是宋代社会文化的延续，表明当时港湾淤积不严重，洋舶仍能出入扶胥港。唐代，外来商船都在扶胥镇前港湾下碇，使扶胥镇成为当时世界知名港口。宋代承继这一特点，港口更加繁盛，加上风光胜景，遂成八景之首。元代又承宋代之盛，亦列为八景之首。

“石门返照”“大通烟雨”两景，也因为北江、西江、大通滘口地形变化不大，仍为交通要冲，市镇繁华，景色美丽，故仍列入八景之中。

“灵洲鳌负”离广州城最远

元代羊城八景中，“大通烟雨”“景泰僧归”“灵洲鳌负”皆与佛教有关，其中离广州城最远的是“灵洲鳌负”，位于今日南海官窑附近的灵洲。据记载，古代灵洲是江心洲，水道为广州西北水陆交通中心。相传岛下有鳌鱼顶托，景色奇美。东晋年间，这里建有普陀禅院。但如今，河流成田地，禅寺被毁，景色已异。

离古城稍近的“白云晚望”缘于白云山上的白云寺。据记载，薄暮时分，站在白云寺晚望亭，凭栏眺望，夕阳斜照，珠江如带，古城沉浸在晚霞暮色中。“白云晚望”由此入选元代羊城八景。今天的白云寺仍是观赏广州城的最佳地点。

白云山北坡有元代羊城八景之一——“景泰僧归”。相传罗浮山景泰禅师在白云山北坡择地建寺，名为“景泰寺”，寺旁有一亭，名“僧归”。深山名刹，清幽静穆，深为游人喜欢。后来，因战争等原因，寺破山空，“景泰僧归”之景也消失在历史长河里。

白云山余脉越秀山以“粤台秋月”列入羊城八景。越秀山亦名越王山，因南越王赵佗而得名，山上建有越王台。元代以前，越王台是越秀山最高、最宏伟的建筑，文人墨客在此留下了不少篇章。南宋文天祥被元军俘虏后北上，路经广州，写下“登临我向乱离来，落落千年一越台”之句。故越王台又称越台（粤台）。每到秋天，夜晚明月朗照，山上松涛绿浪，“粤台秋月”便由此而来。

越秀山犹如广州的历史博物馆，在历史长河中见证了广州的变迁。历代羊城八景中，与越秀山相关的景观入选次数最多，如元代的“粤台秋月”、明代的“粤秀松涛”、清代的“粤秀连峰”，以及后来的“越秀远眺”“越秀层楼”“越秀新晖”“越秀风华”等。

沿着越秀山的脉络，可从城市的“原点”走向城市的未来。当我们盘桓在越秀山古城墙脚，或站在五羊石雕前，或攀登五层楼时，思古幽情就会油然而生。

^ 刘思东《粤台秋色》[现代绘《历代羊城八景·元代卷》，广州艺术博物院（广州美术馆）藏]

明代　景在周围

第十章·第三节

关志全《荔湾渔唱》局部［现代绘《历代羊城八景·明代卷》，广州艺术博物院（广州美术馆）藏］

明代羊城八景：

粤秀松涛、穗石洞天、番山云气、药洲春晓、

琪林苏井、珠江静澜、象山樵歌、荔湾渔唱

六景皆在城区西南繁华处

明嘉靖《广东通志》记载：“郡城之俗，大抵尚文，而其东近质，其西过华，其南多贸易之场，而北则荒凉。”这说明，当时城西、城南是城内的繁华商贸区。

明代广州的海上贸易繁荣。这时的羊城八景一反宋元风格，增加了6个集中在城内或近郊的新景点，融入了更多城市建设和人文精神的元素。

此外，白云山景观没有被列入明代的羊城八景。白云山在宋代八景有“蒲涧濂泉”一处，元代有“蒲涧濂泉”“白云晚望”“景泰僧归”三处。明代，广州三城合一，城区扩大后，越秀山景区得到开发，与城内居民关系更加密切，逐渐取代了白云山在城市景观中的地位。明代的“粤秀松涛”“象山樵歌”，以林莽苍苍之气势取胜。

五仙观两度入选羊城八景

明代羊城八景除保留越秀山（“粤秀松涛”）和珠江（“珠

江静澜”）两处的景观，其余全部为新增景点，分别是“穗石洞天”（今惠福西路）、“番山云气”（今文德路、中山四路一带）、“药洲春晓”（今教育路一带）、“琪林苏井”（今海珠北路与光孝寺之间）、“象山樵歌”（今解放北路一带）、“荔湾渔唱”（今荔湾湖一带），多在城内，反映了当时广州人对城区建设和经济发展的重视。

明代羊城八景中的“穗石洞天”与清代羊城八景中的“五仙霞洞”其实指的都是五仙观。“穗石洞天”是从五羊赠穗传说发展而来的。五仙观一带古时叫坡山，坡山与番山、禺山同为低矮的红色砂岩小丘，曾是广州最为繁华的地方。坡山上有一洞，名穗石洞，洞里有一块巨石，即“仙人脚印”。

樵歌渔唱入羊城八景

1980年，中国大酒店选址象岗。谁也不曾想到，机缘巧合定下的“风水宝地”带出了一个尘封几百年的羊城八景——“象山樵歌”。

象山是越秀山南面一带的山岗，因有一座山岗形如大象，故又名“象岗”，约位于今解放北路与人民北路之间。

明代时，象岗位于大北门外西北侧，为扼广州北路交通咽喉的要地。据史料记载，象岗曾林木茂密葱茏，为府城近郊的采樵区。当时，人们常上此山割草打柴，并有樵夫放声高歌，这便是“象山樵歌”。

以百姓“放歌”入景的，在明代还有“荔湾渔唱”。根据越秀区博物馆羊城八景展资料，荔湾湖一带曾经有红荔千树，荷塘百亩，渔船往来，故有“荔湾渔唱”。有竹枝词这样写道：“昌华苑接荔枝洲，影入珠江不肯流。试上五层楼上望，珊瑚千树水西头。”

明代，广州城进一步向城西发展，荔枝湾更有诗情画意，河涌如网，渔舟出没于荔林间，歌声回荡在碧波上，惊起一群沙鸥、白鹭。

到了清朝十三行时期，行商富贾多聚居于此，修筑园林宅邸，逐渐形成“有钱住西关”的说法。

如今，在文塔前小码头坐上小船，沿着荔枝湾涌，穿过龙津桥，驶向水波荡漾的荔湾湖，两岸时而传来悠扬的乐曲和歌声，或是来自湖畔聚集的市民，或是来自附近的音乐酒吧，或是来自街坊的私伙局，侧耳倾听，颇为悦耳。

一到夏天，荔枝湾荷花盛放之时，市民在水畔品茶、看戏、评曲、鉴玉、赏花，加上鱼片粥、艇仔粥、炒田螺的香味飘荡，此情此景极具广州风情。

^ 李劲堃《琪林苏井》[现代绘《历代羊城八景·明代卷》，广州艺术博物院（广州美术馆）藏]

清代　远处寻芳

第十章·第四节

黄唯理《琶洲砥柱》局部［现代绘《历代羊城八景·清初卷》，广州艺术博物院（广州美术馆）藏］

清代羊城八景：

粤秀连峰、琶洲砥柱、五仙霞洞、孤兀禺山、

镇海层楼、浮丘丹井、西樵云瀑、东海鱼珠

清代，广州人评选羊城八景，审美更加多元化，选址范围更加拓展，涵盖城内、城外和东西城郊，囊括了湖光山色、建筑遗址等景点。

据考证，清代羊城八景曾评选过两次，第一次为清乾隆年间，八景分别是“粤秀连峰”“琶洲砥柱”“五仙霞洞”“孤兀禺山”“镇海层楼”“浮丘丹井”“西樵云瀑”和“东海鱼珠”；第二次是清代中后期评选的清羊城八景，与宋、元、明三代所评类似。

随着城市发展和清代城西地理变化，明代羊城八景中的“番山云气”“荔湾渔唱”等到了清代已不复上榜。

琶洲塔犹如水上“中流砥柱”

清代，“粤秀连峰”取代了“粤秀松涛”。从地理方位看，“粤秀连峰”和“镇海层楼”均为越秀山景观。“孤兀禺山”与明代“番山云气”相对应。与宋代相比，变化较大的是“琶洲砥柱”“浮丘丹井”和“西樵云瀑”。“浮丘丹井”位于今西门口中山七路附近。相传晋代葛洪曾在此炼丹，留有“丹井”古迹。20世纪初，因修路将浮丘石凿低作为路基，成为今天中山

七路的一段。

清代“琶洲砥柱”成为八景之一，则反映了清代广州外贸的兴旺。

“琶洲砥柱”位于今海珠区新港东路北侧琶洲。清代，琶洲并非像如今一般与陆地相连成片，而是珠江中的一个江心小岛，因形似琵琶而得名。洲上有个小山岗，高十余丈，早在宋代，外来商船就以此作导航。

根据《羊城古钞》所述，明万历二十六年（1598年），“即洲上建九级浮屠，屹立海中以壮形势，名曰海鳌塔”。海鳌塔也叫琶洲塔，耸立于烟波之上，从远处望去，它如江中的中流砥柱，故曰“琶洲砥柱”。

清乾隆二十二年（1757年），清政府关闭了闽、浙、江三个海关，独保留粤海关，拉开了广州“一口通商”的序幕。当时到中国贸易的外来商船，一律停在“琶洲砥柱”东侧的黄埔古港，场面极为壮观。从宋代的“海山晓霁”，到清代的“琶洲砥柱”，都是广州海上贸易繁荣的佐证。

“鱼珠”“西樵”山水相映

“东海鱼珠”在琶洲之东、黄埔港附近，是江心的冲蚀红砂岩石块，长期被波涛冲刷，圆净如珠，北面一山如鱼张口向珠，故称鱼珠。晚清设有鱼珠炮台。此地列入八景之一，同样反映出黄埔港外贸地位的加强。

“西樵云瀑”位于今佛山西樵山，这是清代八景中离广州城最远的景点。根据史料记载，西樵山泉眼瀑布众多，水汽飞溅，形成飞瀑，最大落差达40米。“西樵云瀑”入选羊城八景，足见随着广州至佛山水道的开发，通往南海的路线畅达，也说明广州人的文娱活动范围扩大了很多，反映了广府文化的辐射力以及广佛社会变化千丝万缕的联系。

^ 陈映欣《五仙霞洞》[现代绘《历代羊城八景·清初卷》，广州艺术博物院（广州美术馆）藏]

^ 羊草《石门返照》[现代绘《历代羊城八景·清末卷》，广州艺术博物院（广州美术馆）藏]

朱颂民、陈永锵《越秀风华》局部［现代绘《历代羊城八景·2011 年卷》，广州艺术博物院（广州美术馆）藏］

越秀風華
甲午秋李頌民

四次票选新“八景”

自宋代以来，历代羊城八景都是广州的文化遗产，有着顽强的生命力。新中国成立后，广州在1963年、1986年、2002年和2011年，共四次评选“羊城八景”，这不仅反映了自然之美，还反映了时代之美，更体现了城市精神的持久魅力。

1963年版羊城八景：

白云松涛、罗岗香雪、越秀远眺、珠海丹心、红陵旭日、双桥烟雨、鹅潭夜月、东湖春晓。

1986年版羊城八景：

红陵旭日、黄埔云樯、云山锦绣、珠海晴波、黄花浩气、越秀层楼、流花玉宇、龙洞琪林。

2002年版羊城八景：

云山叠翠、珠水夜韵、越秀新晖、天河飘绢、古祠流芳、黄花皓月、五环晨曦、莲峰观海。

2011年羊城八景：

塔耀新城、云山叠翠、珠水流光、越秀风华、古祠流芳、荔湾胜境、科城锦绣、湿地唱晚。

“流花玉宇”诠释一个时代的广州范

1963年，广州评选的羊城八景是“白云松涛”“萝岗香雪”“越秀远眺”“珠海丹心”“红陵旭日”“双桥烟雨”“鹅潭夜月”与“东湖春晓”。

20世纪80年代，改革开放后的广州迎来了新的腾飞，千年商都有着繁荣市场的沃土，更有敢为天下先的精神。1986年6月，历经10个月的反复斟酌和评选后，在广州地区绿化委员会和广州日报的共同主持下，体现改革开放后羊城精神面貌的“羊城八景”出炉，分别是“红陵旭日”“黄埔云樯”“云山锦绣”“珠海晴波”“黄花浩气”“越秀层楼”“流花玉宇”和“龙洞琪林”。

广州是英雄的城市。在新中国成立后评选的羊城八景中，广州人用“红陵旭日”“黄花浩气”“黄花皓月”等景致来缅怀先烈，颂赞英雄。其中，1963年和1986年连续两次入选羊城八景的“红陵旭日”是指位于中山二路的广州起义烈士陵园。

入选1986年羊城八景的“流花玉宇”是指广州火车站周边的建筑群。京广线、广深线、广三线等交会于此。二十世纪七八十年代，“东西南北中，发财到广东”的说法传遍全国。当时的广州火车站不仅是广州为数不多的现代化建筑之一，也是追梦人南下珠江三角洲的第一道闸口。从车站西边的出站口走出了无数企业家、工程师和各行各业的劳动者。广州火车站与周围的流花宾馆、白马市场、东方宾馆以及中国出口商品交易会大楼，形成了广州最具规模的商务、旅游、购物中心和交通枢纽，是当代广州商贸繁荣的一个缩影。

2011年版羊城八景 “塔耀新城”票数最多

每次评选的羊城八景都是这座城市风貌变化的佐证。2002年，新一批羊城八景被选出，分别是“云山叠翠”“珠水夜韵”“越秀新晖”“天河飘绢”“古祠流芳”“五环晨曦”“黄花皓月”与“莲峰观海”。其中，“天河飘绢”“五环晨曦”展现了现代都市的面貌。

2011年的“羊城新八景”是在广州成功举办亚运会之后推出的，引起了全社会的关注，共收到了860多万张选票。新入选的景点是市民肯定“十年蝶变”的最佳注脚。其中“塔耀新城”一景以最高票数获选。

羊城八景在宋朝首创、元朝紧跟，并延续至今，说明八景文化在广州这块土地上被滋养并发扬光大，这在全国并不多见。历经多代，羊城八景不断变化、与时俱进，是对广州不同时期最具代表性的自然人文景观的提炼概括，充分体现了广州山水城市的自然演变、社会变迁和精神气质。从布局来看，羊城八景由远到近、从远郊到近郊再到城内的发展趋势，很好地印证了广州城市建设的总趋势以及城市不断扩大的格局。

今天，站在广州塔俯瞰广州城，羊城八景就像一把钥匙，任何时候都能开启人们对广州历史的记忆和情感。

^ 陈金章、朱永成《东湖春晓》[现代绘《历代羊城八景·1963 年卷》，广州艺术博物院（广州美术馆）藏]

后记

广州，既是创新活力之城，也是历史文化之城。建城2200多年来，广州积淀了深厚的历史底蕴和文化内涵，是岭南文化的中心地和发源地之一。

2022年伊始，广州日报开辟《读懂广州·粤韵周刊》专栏，挖掘并展现岭南文化从涓涓细流到江河汇流的壮阔历程。为此，创作团队立足广州，奔赴佛山、中山、东莞、惠州、阳江、梅州、潮州、汕头、韶关等广东省内城市以及云南、四川等地，将分散在各地、各个领域的历史遗迹、历史事件、代表人物、古街古巷、名山大川，以及日常生活中的风物习俗、饮食习惯、文化娱乐等广府文化符号串珠成链，探寻那些至今仍闪烁光芒的人文精神，内容涉及自然山水、传统风俗、文化艺术、风土人情、饮食特色、城市建设等。

专栏推出三年多以来，受到读者一致好评。为了更好地

传承弘扬岭南文化，我们在《读懂广州·粤韵周刊》的基础上编写了这套“老城市　新活力”丛书之“带你读懂广州”书系。本书系共分为五册，分别是《带你读懂广州山脉》《带你读懂广州水脉》《带你读懂广州城脉》《带你读懂广州商脉》《带你读懂广州文脉》，以帮助读者更为全面、系统地了解广州的过去和现在。

本书系在采写过程中，得到了王元林、叶曙明、刘小玲、刘金山、孙永生、纪德君、李宏卫、冷东、陈泽泓、陈鸿钧、赵伟斌、胡巧利、饶原生、黄剑丰、黄海妍、梁凤莲、程存洁、曾应枫、曾新、湛汝松、颜晖、潘剑明、禤文昊等众多学者、专家（排名不分先后）的帮助和指导，在此致以诚挚的感谢。

我们还要特别感谢曹子锵老先生，虽然已 90 多岁高龄，仍满怀热情地为本书提出宝贵的修改完善意见。

本书系尝试用文化视角、媒体语言来解读广州城市历史文化，大部分内容仍保留作品原有的新闻叙述风格，因此语言风格和编排逻辑有别于学术著作和历史专著，也不同于一般的新闻报道。由于水平和认识所限，时间仓促，丛书中所呈现的观点等仍有可能存在待商榷和推敲之处，祈请读者指正。

广州日报读懂广州工作室

二〇二五年五月